MASONERÍA

Breve historia de sus orígenes, su llegada y evolución en Venezuela

RAÚL RICO ARVELO

Prólogo de Ángel A. Cristóbal

LETRAS LATINAS PUBLISHERS
2023

Edición a cargo de:
Letras Latinas Publishers

Editor fundador y CEO
Angel Cristobal

Editor ejecutivo
Felicia Jimenez

Editor online
Maria Cristobal

ISBN: 9798873794751

Website:
www.southpressindependentnewspaper.com
www.amazon.com/author/angelchristopher

Email:
letraslatinas@gmail.com
staff@southpressindependentnewspaper.com

Impreso en Estados Unidos

MASONERIA

Documentos hallados en 2007 en una logia de la ciudad de Cienfuegos (Villa Clara, Cuba), confirmaron la afiliación masónica de José Martí, quien tuvo esa influencia de sus más cercanos maestros como José María de Mendive y ya militaba en esa organización a los 18 años.

A MANERA DE PRÓLOGO

Martí y la masonería

Jose Martí, por el amor a la cuna que le vio nacer, recibió el calificativo de Apóstol de la independencia de Cuba. De acuerdo con el diccionario de la Real Academia, apóstol viene del término griego que quiere decir "enviado" y nos explica su función, diciendo: "el que predicando la fe verdadera convierte a los infieles de cualquier país".

Martí se inicia en la institución masónica en la respetable logia Armonía de Madrid-España. Allí alcanzó el grado de Maestro Masón y fue orador de la misma; por tratarse de un Gran Oriente, el Lucitano Unido, obtuvo también el de Soberano Príncipe de Rosa Cruz, grado 18 de la masonería filosófica. Las joyas masónicas de Martí están en el Museo de la Gran Logia de Cuba. El 5 de diciembre de 1859, quedó constituida en Cuba la Gran Logia de Colón, con su primer Gran Maestro el IH Francisco de Griñán.

Un masón, Francisco Vicente Aguilera, quien entregó su fortuna a la causa de Cuba libre, presidió la logia Redención de Bayamo; Perucho Figueredo, orador de dicha logia, regala a los cubanos nuestro himno nacional. En el levantamiento del 10 de octubre participan muchos masones, siendo su cabeza principal Carlos Manuel de Céspedes. La Asamblea de Guáimaro, 1869, la componían 15 miembros, de los que 13 eran masones. Por sus ideas libertarias, en 1871 fue fusilado el ex gran maestro José Andrés Puentes Badell.

A los estudiantes de medicina de 1871 los defendió el venerable maestro de la logia La Cruz No. 71 de Holguín-Oriente, el capitán del ejército español don Federico Capdevila. La bandera cubana, fue izada en Cárdenas en 1850 por un masón, Narciso López. El 24 de febrero de 1895, es el esfuerzo de Martí, con Maceo y Gómez, ambos masones, que inicia el movimiento armado que dio al traste con la colonia española. Tres presidentes de Cuba fueron masones.

El 20 de mayo de 1902 iza la bandera en el palacio Máximo Gómez y en la fortaleza de la Cabaña el general Emilio Núñez, también masón. En febrero de 1955 se inaugura el Gran Templo Masónico en La Habana, de 12 pisos a un costo de $2.5 millones.

En ciudades y pueblos de Cuba hay logias con el nombre de Martí. El 8 de diciembre de 1955, la Gran Logia de Cuba, ante los acontecimientos que habían sembrado el desasosiego, dijo: Desaprueba todo hecho que atente contra el orden; pero condena a su vez, enérgicamente, las censurables extralimitaciones en que incurren los agéntes encargados de mantener ese orden, con el pretexto de restablecerlo, sancionando hechos que son de la exclusiva competencia de los tribunales de justicia; y el 24 de marzo de 1958, vuelve a pronunciarse la masonería cubana: "Quienes con empecinamiento y con olvido de los grandes intereses nacionales, no aúnan sus voluntades para obtener la solución suprema, que es necesaria a los altos intereses de la patria, no podrán escapar a la sanción de la historia".

La masonería cubana antes de la toma del poder por los comunistas funda la agrupación El Zapato Escolar para proveer de zapatos a los niños pobres, y el Traje Masónico que suministra uniformes escolares; funda la universidad masónica José Martí, así como escuelas y asilos y un seguro de vida, denominado Auxilio Masónico.

Cuando Castro toma el poder había en Cuba 341 logias, con un total de 35,025 miembros. La orden Hijas de la Acacia, formada por mujeres con 10,000 miembros, y la Asociación de Jóvenes Esperanza de la Fraternidad, integrada por jóvenes de 14 a 21 años, con 27,000 afiliados. Muchas de es estas logias fueron cerradas por la tiranía de Castro; señalaremos de manera especial el acuerdo tomado por la Academia de Historia de Cuba, en 1942, donde se dijo que la institución masónica era la que más hombres había aportado a la causa de Cuba libre.

En la lucha contra la tiranía muchos masones cayeron frente al pelotón de fusilamientos y cerca de un millar sufrieron prisión. El IH. Jorge Luis Cuervo, Gran Maestro, sufrió prisión, por oponerse a la tiranía. Cinco ex grandes maestros de la Gran Logia de Cuba descansan en cementerios de la Unión Americana. Desde la fundación de la Gran Logia de Cuba, el único Gran Maestro que se exilió en Estados Unidos, en el ejercicio de su cargo, lo fue el IH Dr. Juan José Tarajano, por su oposición a Castro. Después de Bahía de Cochinos, en abril de 1961, fue aplastada la sociedad civil y hace algunos años ha comenzado a levantarse. Ahí está la agrupación Hermanos Fraternales por la Dignidad, que se bate dentro de la isla, y muchísimas otras organizaciones, por lo que debe solicitarse del gobierno estadounidense que haga hoy, con la oposición cubana, lo que se hizo con el sindicato Solidaridad, movimiento crucial para la libertad en Polonia.

Documentos confirman su afiliación masónica

Documentos hallados en 2007 en una logia de la ciudad de Cienfuegos, confirmaron la afiliación masónica de José Martí, quien tuvo esa influencia de sus más cercanos maestros como José María de Mendive y ya militaba en esa organización a los 18 años.

La incorporación de Martí a esa cofradía quedó confirmada gracias a los hallazgos realizados por el V.•. H.•. Samuel Sánchez Gálvez, maestro masón de la R.•. L.•. Fernandina de Jagua e investigador cienfueguero, quien mostró el expediente de Amelio de Luis Vela de los Reyes, donde aparecen varios pliegos firmados por Martí en una logia en España.

El primero de estos, fechado el cuatro de julio de 1871, es un diploma de maestro Masón emitido a Vela de los Reyes, donde junto a otras firmas -hoy en proceso de investigación, resalta la tan conocida de José Martí.

Además, aparece una carta dirigida a esa persona donde se le anuncia su elección para la entidad, y está acompañada del seudónimo de Anahuac, usado por el patriota cubano para timbrar algunos de sus artículos, y que incluye la rúbrica, ese trazo final tan usado en otros tiempos.

Eduardo Torres Cuevas, Doctor en Ciencias Históricas corroboró categóricamente como conclusivo el hallazgo realizado por Samuel Sánchez Gálvez, su pupilo, y alertó sobre las nuevas interrogantes abiertas ahora sobre este tema y en las cuales deben centrarse futuras indagaciones.

Incluso el vocablo indígena de Anaguac, con que más tarde se adjudica los artículos en México, era el nombre dado por los primeros habitantes al continente, mucho antes de ser llamado América.

El hallazgo aconteció en la Logia Fernandina de Jagua, cuando el profesor Gálvez, de la Universidad Carlos Rafael Rodríguez, realizaba una búsqueda para su tesis de doctorado, relacionada con la masonería en Cienfuegos.

Cuevas declaró a la prensa que ya se tenía información sobre la relación de Martí y la masonería, ya que sus propios textos lo infieren, además de los escritos de su amigo Fermín Valdés Domínguez, mas, siempre se reclamaron pruebas documentales para confirmarlo, sin que apareciera hasta ahora el mínimo pliego.

El investigador abundó sobre la importancia de este descubrimiento, que aporta más luz sobre el pensamiento martiano y da elementos para comprender al hombre en toda su magnitud, y propuso continuar esa pista en países como Estados Unidos, México, y Venezuela.

No hay dudas pues que gran parte de los patriotas cubanos iniciadores de las luchas independentistas eran masones, desde Carlos Manuel de Céspedes hasta José Martí, amigo del venezolano Cecilio Acosta, y fundador de la Revista Venezolana, donde el artículo "Ha muerto un justo", dedicado a Don Cecilio, ocasionó la expulsión de Martí de Venezuela, en junio de 1881, ordenada por Antonio Guzmás Blanco.

DEDICATORIA

Dedico este pequeño, pero bien intencionado y más aún...ilustrativo y variado   trabajo masónico; a dos apreciados amigos, los que disfrutan intensamente de la nunca desleal compañía >>de los amados libros<<... y que cobijado en sus recomendaciones; he puesto "Manos a la Obra"...

Ellos son: Ángel Cristóbal y Felicia Jiménez Gómez. Grandes periodistas y escribidores de temas; que nunca dejarán de ser útiles; para la vida fuera y dentro de cada uno de nosotros.

Para mí, ellos son dos >>Masones sin Mandiles<<, que han sido iniciados por la propia vida, en muchos misterios que aún se están develando, para todos.

 Los que hemos reconocido; que somos hijos de la grandeza, de la omnipotencia y la misteriosa presencia de un ser, material o inmaterial, al que la grande mayoría de sus hijos; reconocen como>> DIOS<<. Y nosotros, los hijos de la viuda; como >> EL GADU<<.

Y, a sabiendas que de alguna manera, ellos estarán imbuidos en este escrito. Es por lo que se lo entrego, tal cual lo concibo; Desde mi humilde, pero sincera postura. De Masón.

M:.M:. Q:.H:. Raúl Rico Arvelo:.

A Motus Introductoria

Al comenzar a escribir este trabajo o aproximación histórica sobre la masonería, debo entender que me estoy metiendo en un gran compromiso, no solo conmigo en especial; sino para todos los que tengan la bondad de leerla; pues hablar de este tema no es nada fácil y mucho menos, cuando uno es un simple obrero que está en el camino del aprendizaje; sin embargo, como la Masonería es sabia y se asegura que es para los hombres libres, de buenas costumbres y libres pensadores, es por lo que al insinuante pedido de unos amigos, lo he convertido en una obligación y, como ya he notado que he aprendido un poco, >solo un poco<, sobre lo que me fascina y me nutre...Entonces ¡¡ pa`lante es pa´ allá!!.

Tantos pensadores, historiadores, QQ:.HH:. Y demás escribidores, han dicho tanto de nuestros augustos misterios que; pareciese que todo está dicho, pero no es así, el Omega de la Masonería, no se ha decretado, ni se ha instituido y mucho menos, se ha confirmado ,sellado y decretado su final. Y como soy un caminante concietudinario, me voy dejando llevar por este camino, bajo el permiso y la protección del GADU.

Siempre nos hemos tenido que ir tan lejos en nuestra historia, conocida o no, pues es un viejo dicho que tenemos que saber ¿De dónde venimos?; para saber ¿A dónde vamos...? Es allí donde yo quiero llegar, pues existe la llamada inventiva, inspiración y creatividad ¿Por qué no podemos ser creativos, inventores y hacedores de nuevas históricas posibilidades, más adaptadas a la realidad que coexiste entre los seres que conformamos esta humanidad? ¿Sin herir susceptibilidades, sin romper ciertos esquemas y sin pretender ser más papistas que el propio papa? Respetando las tradiciones ritualisticos; pero expresando nuestros propios criterios, sobre algunas cosas que por añejas, se han convertido, tanto en uso; como en abuso de propios y extraños con respecto a la masonería.

Por ejemplo, yo podría asegurar que nuestros Antiguos Ancestros... Queridos Hermanos... ¡No bebían, no fumaban y sostenían relaciones, solo con sus esposas o concubinas o pareja elegida; para realizar este acto natural...! Podría asegurar que ellos no robaban, no hurtaban, no mentían, no blasfemaban, no odiaban, no traicionaban, no practicaban aquellas cosas que por abominables y fuera de todo buen comportamiento humano, y que aunque no eran unos santurrones, ni mucho menos...

Eran unos respetables señores y (señoras) Cuyas acciones se limitaban a servir, dar y solucionar o coadyuvar a encontrar para sus congéneres, las posibilidades de un vivir en Eclesiastés, fuera de todo sentimiento malsano o fuera del contexto humanitario... Y podría confirmar , muchas de las apreciaciones, especificaciones y contextualizadas historias, leyendas y aseveraciones complementarias , sobre la vida de los masones, dichas y escritas por tantos eruditos en la materia...Solo que no me es permitido, por mis reales creencias y mis humildes conocimientos y sobre todo, por ser un hombre honesto y de buenas costumbres.

Así pues, solo me es permitido, por mi propia conciencia, el escribir y dejar asentadas mis consideraciones y mis inobjetables sentimientos de Maestro Masón, que ha respetado en más o menos 30 años de pertenecer a esta maravillosa cofradía de hombres probos, honestos y respetuosos de todo y de todas las cosas imbuidas en las leyes , usos y costumbres, que vienen, están y van en pro del hombre más cercano a la perfección, que aunque como es bien sabido,>no existe< (entre nosotros), pero Jamás ni nunca dejaremos de buscarla, pretenderla y morir e irnos al Oriente Eterno, con la presunción, aunque sea Juris stantum, de que estuvimos muy cerca de haberlo logrado.

De tal manera que no pretenderé engañar a nadie, pues me estaría engañando a mí mismo, haciéndoles creer que lo que aquí quedará escrito, se ajusta inexorablemente a una verdad irrefutable, no; eso ni pensarlo, pero si solicitaré de quienes esto lean, que tengan la bondad de tomar sus propias notas y hacer sus propias indagaciones y además; como algo muy especial: Que   emitan sus opiniones, sean estas descarnadas o fuertes, sin ofensas ni cosas fuera de las buenas intenciones; para que de esa manera, todos estemos en   la misma honda y podamos lograr estar cada vez más cercanos a esa nuestra verdad, particularmente bella, que cada uno de nosotros , posee y que no puede ser manipulada, comprada y mucho menos tergiversada, en nuestra irreprochable Conciencia.

Entonces , termino aclarando que todo cuanto se ha dicho, escrito y aseverado con respecto a la Masonería y , por su puesto, a los Masones, tiene su buena racionalidad y se enmarca en verdades que no absolutas, pero si digeribles, comentables y mejorables, y así mismo convertibles en asideros para continuar disfrutando de la búsqueda y aceptación, de esas verdades que nos llenan y nos tranquilizan respecto a los enigmas, los secretos y todo lo relacionado con los misterios de la vida, de nuestras vidas y, sobre todo de la Masonería... Yo no miento cuando digo que todo en la vida es factible de creerse o no; pero siempre bajo el manto sagrado del respeto y las consideraciones... Eso para mí... >Es parte de la Sabiduría<

Con el permiso de las grandes y elevadas almas de nuestros ances-
tros--- GG:. Y PP:. QQ:. HH:. MM:.MM:. Los que disfrutan de sus es-
tadías en el grande Oriente Eterno, muy cerca del GADU y la anuencia
espiritual de los que están permanentemente ejerciendo las practicas
sagradas de nuestros Augustos Misterios... En todos los rincones de
nuestra Patria y del Mundo Tierra.

El Q:.H:. R.R.A.   ....0............................. Autor.

¿Cuál es el Origen de la Masonería...?

Cuál es su Origen? Para poder llegar al verdadero origen de esta sociedad de hombres libres y de buenas costumbres, tenemos que ubicarnos en diferentes momentos por los que ha pasado el hombre, en lo que se puede denominar "Periplo histórico" o simplemente, imbuirnos en la   historia de la propia humanidad; lo cual a veces resulta interesante o aburrido, todo depende de los ojos y los dueños que lo miran, averiguan o recrean. (Lógica y Razonamiento).

Es así que como reza en algunos tratados de la historia del hombre, escritos por diversos historiadores y como yo les llamo >husmeadores de sus propias existencias < No "Hemos aparecido al caer de un árbol; como esporas y nos fuimos desarrollando de acuerdo a los fenómenos naturales...Llamados evolutivos...Cuestión esta que deja mucho que desear, al existir otros tipos de explicaciones, que puedan satisfacer en lo más mínimo la intensa curiosidad del propio Homus" y luego, la vendita teoría y conocida mundialmente: "De que procedemos de Adán y Eva, creados por Dios" y todo lo que sabemos y es tan cacareado , sobre todo, por la parte inmensa de los creyentes en el catolicismo y en el paraíso terrenal... Así como lo del árbol que paría la fruta prohibida y que Eva le dio a probar a Adán y entonces... -bla-bla-bla...Ya es historia vieja, sagrada y manipulada en exceso y, al final del asunto, apareció un señor de nombre Darwin y fue muy enfático en expresar y escribir y mantener la especie de que: "El hombre provenía del mono y su evolución" Cuestión esta; que se mantiene en disputa por muchos y en olvido, por otros, (¿Y el mono de quién...?) sin embargo, lo que no puede cuestionarse, por lo menos eso creo, es el hecho de que el hombre, ya reconocido como tal, cuando se vió solo ante tantas cosas que le rodeaban, la inmensidad que encima de su cabeza, se podía observar; terminó por considerar que todo eso no podía haber aparecido de la nada, incluso él...Entonces, volviendo sus miradas al cielo o a lo alto , se comenzó a hacer una que otra pregunta ; como por ejemplo ¿Quién era él? ¿De dónde había venido? ¿Y comenzó a entender que debía existir un ser o una fuerza poderosa que hubo re-alizado todo aquello, se arrodilló y comenzó a tener la necesidad de creer en algo o en alguien y de esa manera, según se cuenta en tantos tratados, adoró animales, piedras, la luna y sobre todo al Sol y fue evolucionando , >Opinión esta que es harina purita de otro costal<, pero que pudo en esas evoluciones, pasando por cuevas o cavernas, llegar a convertirse en elaborador de sus hábitats y el de los ya aparecidos y mandantes prín-cipes y reyes y todo ese inmenso cúmulo de hombres y mujeres que fueron conformando las sociedades: En las que hoy tenemos la dicha de participar como Masones. Estudiosos de aquel pasado de nuestros an-cestros y QQ:.HH:. .

Así que aprendió el Arte de la construcción, por intermedio de lo que más estaba a su alcance...Los grandes yacimientos de piedras, conocidos como canteras... y fue aprendiendo tanto del arte de picapedrero, que se convirtió en experto o maestro en su manipulación y transformación en grandes edificaciones, llamadas palacios, catedrales ,mansiones >y se debería saber< , que las pirámides y otras gigantescas construcciones, fueron sus obras y sus creaciones, solo que ; esto debe ser muy bien es-tudiado, averiguado y comprobado, para poder concluir con este >Puede ser< de sus realizaciones...Y poder tenerlo; como >hechos< De sus acciones.

Lo realmente cierto es que: Más allá de tres siglos , pero tomando el siglo 17 y el año 1717, como su aparición, se comenzó a conocer la ma-sonería denominada (Especulativa). Y se le dio a esta fecha, como la de su aparición , y se ha tomado como partida de nacimiento; por lo que de acuerdo con las Constituciones de Anderson... tomaremos su origen, desde la conversión de estos picapedreros en grandes maestros de la construcción con las nunca bien ponderadas... Piedras.

Todo el mundo tiene el derecho de especular y verter sus razonamientos respecto a las mismas, siempre y cuando, tenga basamentos sobre ese especular, pues es muy sencillo copiar fechas o historias o cualesquiera cosa, asegurando que se está hablando con la verdad y con las suficientes argumentaciones, para hacer creer a los demás en esas aseveraciones; lo que es sin duda alguna, contraproducente, desde todos los puntos de vista históricos y realistas.

Todos los tratados sobre esta materia, versan y recurren en esas fechas y en esos acontecimientos, por lo que la historiografía, se hace más sincera, realista y creíble, siendo entonces tomada como base sólida, para continuar adentrándonos en esas interesantes especulaciones... Sobre la Masonería...

Entonces, tomaremos como su origen, la ciudad de Francia, cuando era reconocida la masonería; como Arte Real y esta fue cambiada , por "Orden Masónica" por los QQ:.HH:. Del Gran Oriente de Francia...Y otras de las tantas fuentes que existen, citan que la Francmasonería, se llamó por primera vez El Arte Real en 1693, cuando Guillermo III de Inglaterra, fue iniciado en sus ritos y otra fuente indica que fue llamada Arte Real por cuanto su verdadero objetivo , era el de erigir edificios majestuosos y especialmente , palacios y residencias de los reyes Y los príncipes de entonces. (La Realeza).

Son estos lugares y estos personajes, los que de alguna manera, aceptables o no, nos muestran en la historia de la masonería, diversos escritores, investigadores y acuciosos; como los más cercanos a los lugares de su origen y de sus nombres y, no deja de ser interesante, que prosigamos en la búsqueda de su posible y verdadero origen, sin el temor de ser enjuiciados o mal entendidos ,>por hacerlo<. Todo lo que representan pasajes de cualquier tipo de historias, siempre dejan una pequeña o mediana y hasta grande, brecha, para ser certificadas con las investigaciones en el tiempo y el espacio necesarios. Yo, tuve la oportunidad de leer en alguna de tantas obras escritas, sobre este tema que: Jesús el llamado Cristo e hijo de Dios, al igual que Adán el que pecó con Eva en el mencionado paraíso ...Fueron posiblemente masones, iniciados, siendo probable bajo otros esquemas ritualisticos...Y entonces, sé que no presentan verdaderos argumentos; para señalar estas posibilidades, y ello, me tiene que inducir de alguna posible manera, a investigar al respecto, en el momento que así lo crea necesario. Y me sea permitido o exigido >Por mí Conciencia< Y mis pristinos instintos de investigador.

Hay un joven escritor que me llama poderosamente la atención , por la forma y estructura explicativa de sus escritos, claros y,,, yo diría , que muy precisos, por lo menos en los histórico, que él, se ha dado a la tarea de indagar. Y además le da una muy clara cancha a esas posibilidades, claro está, colocándose en un lugar objetivo, para ello; respecto al origen de la Masonería:

Y por lo que siempre, como todo buen historiador, se ha nutrido de muchísimas bibliografías e investigaciones; para dejar asentado su carácter de indagador y estudioso de sus trabajos, antes de colocarlos a la vista peligrosísima del monstruo de las mil cabezas...>>El apreciado público lector<<.

Se trata nada menos que de un doctor en historia, además teólogo y filósofo, cuyo nombre es: César Vidal y en su libro "Los Masones (La Sociedad Secreta Más Influyente en la Historia) Dice: "Que El inicio de la Masonería, parte del siglo XVIII y que los demás intentos de dar otra fecha de inicio, es pura tontería e inventiva sin sentido" y se circunscribe a las constituciones de Anderson, precisamente de ese siglo, luego nos aclara sobre la Biblia masónica de Heirloom, sobre su probable antigüedad y la respuesta es: Que ya es una admisión de que la masonería proviene de los antiguos misterios. Y nos habla sobre un hombre llamado >Nemrod< y que de acuerdo a las tradiciones , este fue un Masón, que empleo 60.000 hombres para la construcción, nada menos que de Nínive Y es donde más llama mi atención, pues él dice que existen Doce (12) posibles orígenes de la masonería en la historia: Comenzando por: La religión Patriarcal/ Los Antiguos misterios/, El Templo de Salomón/, Los Cruzados/, Los Caballeros Templaros/, Los Colegios Romanos de Artífice/, Los Rosacruces/, Oliver Cromwell, por razones políticas, el presidente de la restauración de Casa de los Estuardo/, El Trono Británico/, Sir Cristofer Wren/, El doctor Desaguliers /y otros en 1717.-

Y luego nos aclara; que la mayor parte de esas declaraciones, históricamente, les parecen profundamente ridículas, sintiendo un nihilismo casi total y aduciendo que; un puritano como Cromwell, jamás podría haber sido fundador de la masonería; lo que nos deja a las claras, que muchos masones, jamás han dejado de retrotraer los orígenes de la masonería, a la más remota Antigüedad e incluso, desde sus inminentes puntos de vista, la conectan de forma casi indubitable con religiones imbuidas en lo pagano y ciertamente mistérico. Y se sabe que inclusive a inicios de nuestro siglo XXI, existen demasiadas teorías al respecto. Y pareciese que queda mucha tela que cortar en ese sentido.

Uno puede enumerar esas otras teorías como: La Megalítica, aLa Mistérica, La Medieval Templaria y otras tantas que sería muy largo de enumerar..

Pero lo más cercano al asunto que nos concierne, es precisamente, que finalizando la Edad Media y el propio Renacimiento, aquellos denominados gremios de albañiles, fueron tomados como meras agrupaciones de artesanos. Que según recuerdo eran llamados "Guildas."

Y ya en aquellos estertores de esa edad media, se han encontrado documentos en los que se pueden entrever muchos aspectos masónicos en forma posterior, tales como "Regius Manuscript del año 1390", el cual reposa en el Museo Británico y en el que poéticamente, se pueden leer algunos asuntos referentes a la masonería, digamos que Especulativa y que de acuerdo a su forma de expresión, se puede deducir que es una obra hecha por un sacerdote, pues allí en ella nos topamos por vez primera con la expresión ">>So Mote<<" Y que posteriormente aparecería en los rituales de la masonería , conocida. Y otro manuscrito

Que nos encontramos es el "Cooke Manuscript". El cual también está conservado en el Museo Británico y en el cual , sin dudas; por primera vez aparecen muchas referencias a una masonería que indudablemente es Especulativa y no así gremial y fue escrito en el año 1450...Y tres siglos posteriores, nos encontramos con Las Constituciones de Anderson y en ella aparecen muchos de los elementos que constituyen ese Manuscrito, por lo menos ejemplarizamos las que se refieren a Las Artes y muy especialmente mencionado El Templo De Salomón.

Otras de las cuestiones escritas por Éste Grande historiador, César Vidal, es la que a finales del siglo XVI y sobremanera en el siglo XVII, se llevó a cabo una especie de mutación muy importante, la cual sin duda derivaría de la Masonería Especulativa...A Masonería simplemente...>A secas<... y precisamente en el año 1583, un personaje de nombre William Shaw, fue nombrado por Jacobo VI de Escocia, el mismo que un poco más tarde se convertiría en Jacobo I de Inglaterra- Como Master of de Work and Warden General. Y quince años después Schaw, promulgaría, unos estatutos con su nombre que aparecieron estableciendo los deberes que los masones, deberían tener con sus respectivas logias; tomando mucha mayor relevancia los segundos estatutos, establecidos por él y que fueron publicados en 1599; en los cuales, aunque de forma un tanto velada, se asoma una referencia sobre un conocimiento esotérico, que se comunicó en el seno de las logias y que la logia madre de Escocia Lodge Kilwinning O. Ya trabajaba, para aquella época.

Lo que asoma a Shaw, bajo estas circunstancias; de aspecto esotérico y secreta y de acuerdo a las fuentes indicada. A considerar la posibilidad de que él fuese el fundador de la Masonería Moderna: Y de cualquier manera, la primera iniciación masónica de la cual tenemos conocimiento no es otra que la de John Boswell, Laird de Auchenlek. Boswell fue iniciado en la logia de _Edimburgo, Escocia el 8 de Junio del año 1600. Esta Logia originalmente era operativa o más bien gremial y carecía de carácter secreto o iniciático, sin embargo el texto referido a Boswell, nos conecta con una masonería especulativa; realmente como todas las que encontramos en toda la trayectoria del Siglo XVIII.

Con estas cortas, pero importantes anotaciones más o menos argumentadas, podemos colocarnos en la gran posibilidad de que la masonería tenga su verdadero origen en Francia, aunque la que más se practica, lleve el nombre De Rito Escoces Antiguo y aceptado y tenga sus principales asentamientos y ritos, según parte de su historia en Escocia e Inglaterra.

Y en esa búsqueda tan interesante y particular, sobre todo lo que se refiere a la Masonería, y sus orígenes; me pude encontrar con una Plancha Elaborada por El Soberano Capitulo Rosacruz Pedro Barboza de la Torre N. 134. Juridiccionado al Supremo Consejo Confederado del Grado 33. Para la República de Venezuela, instalado el 26 de Octubre de 2002 (e.v) Valle de Caracas. Y que   transcribo tal cual él Maestro de este Capítulo la realizó. Siendo un Estrato de ella, pero muy importante, para el complemento de esos orígenes que en el tiempo, continúan siendo motivo de investigaciones y posiciones variadas al igual que de muchísimas versiones sobre este fascinante tema, que a los masones nos ilustran, cada vez que nos logramos encontrar los textos que los contienen.

Valle de Caracas Dto. Metropolitano Enero de 2015 (e.v).
Soberano Capitulo Rosacruz, "Pedro A. Barboza de la Torre No. 134.

M:.Sbio y Perf:.M:.
Excelente y Perf:. Cballero 1er Vig:.
Excelente y Perf:. 2 do:. Vig:.
Resp:.HH:. De nuestro V:
S:.E:.P:.

>>Historia de la Masonería Capitular<<
>Estrato<:
*RR:.HH:. Para poder hablar de la Masonería Capitular, primero hay que hablar un poco sobre la historia del Rito Escocés Antiguo y Aceptado, siendo este, probablemente , El Rito Masónico más practicado y extendido

en el mundo: Es fruto de la Evolución producida a principio del siglo XIX del sistema Escocés practicado en Paris a principios de la década de 1760.

El Primer Rito Escocés fue el rito El Rito Escocés Filosófico de la Logia Madre de Marsella (ca. 1750), de 18 grados. Tras el primer rito Escocés Filosófico, apareció El Rito de Heredom o de PERFECCIÓN, compuesto...EL Consejo de Emperadores de Oriente y Occidente (Paris, 1758). Importado el Rito de Perfección de 25 grados a América por el Judío Francés Esteban Morín tras recibir una patente del Rito, el número de Grados se amplío, surgiendo el Rito Escocés Antiguo y Aceptado de 33 Grados, con Grados como el Caballero Kadosch.

Existen múltiples versiones del R∴E∴A∴ A∴ E incluso, entre ellas, no coinciden del todo ni los nombres de los grados. Se suele trabajar solo en alguno de esos grados, siendo los otros "Comunicados"

Es sentido y misión del R∴ E∴ A∴ A∴, en primer lugar, cada día hacer mejores Masones, es decir, aumentar su cualificación Intelectual, Moral y sobre todo Masónica a través de un trabajo Riguroso, Progresivo, Profundo y esencialmente Iniciático; y en segundo lugar, que esos hombres más formados y más Masones...,Es decir; más hombres, impongan con la Fuerza de sus ideas y el ejemplo de su conducta, los principios del Rito y de la Masonería en la sociedad Profana.

>>Y en este estrato de la plancha, se expone como un aporte a esa historia de su aparición, continuando en el capítulo referente a los Ritos y las formas ritualisticos de los trabajos<<.En la pagina concerniente a este capítulo.

Principios, preceptos y fortalezas como sociedad Masónica Ejemplarizante

Es bien sabido que las cosas cambian, las historias se mantienen en el tiempo, aunque muchas veces las tergiversan y las acomodan al gusto de los que con cierto poder e imposición, tratan de cambiarlas y aunque lo logran en algunos muy contados casos...No dejan de ser más que llover sobre lo mojado, pues quienes conocen la verdad de las mismas...Entienden que los que esto hacen; son unos enfermos, ignorantes y faltos de respeto, para con toda la humanidad.(No se respetan a sí mismos).

Hay un viejo adagio que dice: "Quien desea cambiar la historia, debe borrar su memoria" Rariar.

Es de esta manera cómo debo adentrarme y haceros adentrar en las consideraciones respecto a los principios y fortalezas de nuestra sociedad masónica: Si existe una orden que ha sabido mantener su presencia, contra viento y marea, en contra de todo tipo de infortunios, maldades y persecuciones , además de constantes tergiversaciones, respecto a sus reales y trascendentes luchas, en pro de la verdad, es precisamente la Masonería.

Y es simplemente que basándonos en el marco de la Tolerancia, la piedad y el amor entre hermanos y hacia la humanidad., hemos soportado todos los atropellos y hemos superado , todos los aspectos sicológicos que como dardos nos han querido clavar.

Nuestros principios se basan principalmente en esa constante e indetenible búsqueda de la verdad, de esa por la cual hemos aprendido a entender, que Nuestro señor Jesús El Cristo, en obediencia total a su padre, se entregó y sufrió de todo tipo de atropellos y vejaciones, para perdonarnos a todas y todos; nuestros pecados, y todo basado en la verdad de sus palabras y Las inobjetables instrucciones de su padre.

Y además, mantiene un enorme respeto a lo que representa la Razón, por lo que se convierte desde sus principios en totalmente Universal y que teniendo su origen propio, no debe confundirse, bajo ningún respecto con religión alguna, pues ella deja a su libre albedrío a sus adeptos, para que tengan sus creencias , sin que caigan en el fanatismo de cualquier forma religiosa.

El Primero: La Masonería: vista desde cualquier punto de vista, profano o iniciático, es totalmente progresista, no oponiendo ningún tipo de obstáculos, para el conocimiento de la verdad..."Ese es su Norte".

La Masonería desde que la persona acude a sus puertas y logra penetrar en ella y comienza a entender y recibir enseñanza, muestra a los aprendices . los preceptos que la hacen ser diferente a otras instituciones que se hacen llamar o se reconocen como sociedades secretas. Siendo uno de los principales; el completo silencio, respecto a todo lo que allí se ve, oye o descubre o se pueda saber en lo adelante, referente a la orden.

El segundo; Que la convierte en la más sagrada y grande de los vínculos, cuando no la más noble, y respetable de todas las instituciones, puesto que el objeto de esa sociedad, consiste en presentarle un frontal combate a Las Pasiones que colocan en constante deshonra al hombre, convirtiéndolo en un ser infeliz., en practicar todas las virtudes dulces y bienhechoras, en socorrer a nuestros Hermanos, previniendo sus necesidades, aliviando sus penas y darle constantes y acertados consejos y las mejores luces, colocando que lo que es una rara cualidad en los profanos, para nosotros los masones, es puramente un deber... y le enseñamos lo que ya practicamos desde tiempos inmemoriales; Que cada ocasión que no se aproveche en hacer el bien y ser útil, la entendemos como una infidelidad y cada socorro que rehúse a su hermano, es un perjurio y si la preciosa amistad mantiene su culto en nuestros templos, no es por tratarse de los nobles sentimientos,,,,sino por ser un irrefutable y perfecto deber. "intrínseco e inobjetable".

Y el tercer precepto ; No puede ser otro que el de someternos a las leyes generales de la Masonería, siempre a la disposición de la Gran Logia, atendiendo y obedeciendo todo lo que nos sea ordenado e indicado por nuestros superiores, siempre de acuerdo con nuestros principios fraternales.(Pieza clave "La Obediencia")

Así como expliqué en un principio, respecto a lo que pensó el hombre cuando se vió solo rodeado de tantos misterios...; cuando prácticamente estaba en su condición de criatura salvaje y se dio cuenta de que no había podido existir por sí mismo y comenzó a preguntar y buscar a su creador en torno a la naturaleza y al cielo mismo y al no recibir respuesta alguna, sino el total silencio que le acompañaba y resultó toda respuesta a sus inquietudes, le obliga a inquirir en un ser indeterminado e invisible, que fuese el causante no solo de su existencia, sino de todo cuanto le rodeaba y ya convencido del poder de ese ser...Aunque no logra comprenderlo con certeza, por lo que tanto su corazón; como sus pensamientos, son los que le hacen levantar la vista al cielo y en la fortificación de su conciencia moral , le hacen meditar y estudiar y conocer la naturaleza racional de esa causa suprema de la cual deriva, cada hombre el culto que comienza a tributarle.(Esto aparece en rituales y otros tratados masónicos)

Y continúa entonces en su instrucción, sabiendo que la humanidad es demasiado frágil, aunque ya conoce perfectamente todas sus necesarias e importantes obligaciones , pues su naturaleza y sus conciencias nos hablan muy, pero muy claro, que se puede saber que resulta muy difícil el equivocarnos, continuamos con esa tendencias que siempre nos inclinan a convertirnos en seres malignos, lo que debemos combatir sin tregua ni descanso y nosotros nos esforzamos en dominarla, para colocarle el freno más saludable a ese impetuoso y alto vuelo del egoísmo y sus desastrosas consecuencias, con la finalidad razonable de elevarnos sobre la multitud y superar a los viles intereses que la dominan y atormentan, darle calma a las pasiones, subyugándolas y algunas otras beneficiosas realizaciones , para la humanidad toda…., es por lo que nos seguiremos congregando en nuestros templos.

Siendo entonces que cuando nos encontramos frente a frente con estos comienzos preceptúales, le colocamos alas a estos votos, hasta nada menos que El Gran Arquitecto Del Universo; como lo denominamos y con él trabajamos y para él trabajamos y en conciencia, alma y corazón , en él confiamos y todo lo realizamos bajo su nombre y protección. Reconociendo su enorme poder y nuestras debilidades y contenemos nuestros corazones hasta los límites de las propias virtudes, la equidad y la justicia, marchando desde esos momentos por las vías más seguras, las cuales conocemos como la razón y la misma virtud y por intermedio de estas, nos acercamos al GADU, siendo él >>Uno en causa primera y existe por sí mismo<<.

Estos preceptos , aunados al juramento que de manera consciente y aceptada hacemos, cuando somos iniciados en estos augustos misterios masónicos; a la postre nos van llenando de mucha fortaleza y nos coloca , sin dudarlo, en el camino perfecto para convertirnos a partir de allí y de acuerdo a nuestros estudios y prácticas de esas virtudes y esa moral, en hombres verdaderamente buenos, justos y conscientes del deber de ser cada día mejores ciudadanos y mejores hermanos, pues no hay mayor sentido de esa fortaleza que; el irse adentrando cada día en aquello que nos hace crecer; como verdaderos ciudadanos ejemplarizantes para la humanidad..

El momento más grande que un ser humano puede experimentar, para nosotros es, cuando somos recibidos, constituidos e instalados ; como Aprendices Masones...Esa noche al lograr conciliar el sueño, lo hacemos como arropados por la invisible mano del GADU.

Ya el mundo está lleno de demasiadas maldades y en el impera, con gran libertad, el espíritu del mal, pero es que de ser diferente, los países y sus habitantes, serían una grandísima calamidad, pues si todos fuésemos seres ejemplares, querendones, amigables, respetuosos, trabajadores y dignos...Entonces según opinan muchos estudiosos de la sociología la sicología y el humanismo, Un total caos; pero no de muertes y otros desordenes aparatosos y pendencieros, >>sino un caos representado por el más grande de los fastidios y la holgazanería<<; y mucha gente se moriría , pero del aburrimiento...

En ese hipotético mundo, no habría ninguna o alguna razón, para la existencia de la masonería; pero no fue, no es ni podrá ser de esa manera, eso es hasta impensable y no a lugar en mente alguna. ¡¡Presento mis excusas, por haberlo pensado y puesto de manifiesto, aunque aclarado definitivamente con el sello de la imposibilidad!!

El Gadú , no lo hizo ni de esa manera, ni de la que estamos acostumbrados a vivir, donde la unión, el respeto, las falsedades y las mentiras, son hermanas de las maldades, las injurias, las traiciones y las fatalidades.... Por nombrar alguna s de las cosas que ejercen su protestad en el mundo.. Y es por ello que entre toda esta gama maravillosa de cosas malas, negativas y de la podredumbre humana, tuvo que hacer acto de presencia el factor contrario a todo aquello y aparecieron las llamadas religiones y con ellas continuaron los desperfectos del pobre y perdido mundo y aparecieron muchos tipos de sociedades, buenas, malas , regulares y peores... Que quisieron ocuparse del manejo de las diversas situaciones que se tornaban tan indeteniblemente irracionales... Y entre todas esas apariciones que salían de las causas y que ejercían unos efectos; como resultados más o menos aceptables...Se transformaron en endebles, incomprensibles y defectuosas.

Así que entre tantas y tantos intentos por desarrollarse y evolucionar y transformar muchas de las cosas malas en por lo menos regulares y sino apetecibles, por lo menos digeribles desde aquellos tiempos al que les cuento, comenzaron las sociedades secretas a ejercer cierto parámetros que se fueron constituyendo en algo así como; unas panaceas , también dificultosas, para las mayorías e incomprensibles para muchos y como era necesario un camino más expedito y más fácil de transitar, los hombres que procedían de los grandes fabricadores de aquellos famosos Palacios, Templos y otras grandiosas obras, con la uti-lización de la piedra, ya estaba metido en la búsqueda   de las soluciones a los problemas que estaban tan lejos y tan cerca del alma, del espíritu y la conciencia del hombre y la sociedad en la cual le fue tocando vivir y manifestarse.

Los Masones y la masonería, ya eran una realidad; como otras socie-dades ocultistas y , que trabajaban tanto para el demonio, conocido como Satanás; como para los sacerdotes o los pretendientes de ser dioses o superiores a todos, bajo el influjo de sus mentiras y sus promesas de poderes para todos sus adeptos. Donde ofrecían el cielo y la vida eterna. Siempre fue muy fácil engañar y ser engañados, con las más deslumbra-doras promesas y de esa manera, el hombre fue y aún permanece dando tumbos entre unas cosas y otras, sin poder en la mayoría de los casos, ver cumplidas las mismas.

Pero en nuestros Augustos Misterios, ha venido encontrándose con otras realidades, sin ningún tipo de promesas, ni de mentiras, tan solo con la participación sincera, convencida y honesta de cumplir con lo que son nuestras reglas, normas y leyes.

De esa forma fuimos calando en la gente y hoy por hoy , la Masonería ha ido creciendo y desarrollando su papel de una importancia   que se pierde de vista , en comparación con otras sociedades, que no pudieron no pueden ni podrán igualarla en sus alcances y productividad.

Y es donde se entiende un poco aquello de >la piedra bruta y la piedra cúbica<

Reglas, Leyes, Landmarks y El Poemas Regius

Si nos referimos a todo lo concerniente a reglamentos principios y leyes masónicas,; entonces aparte de la búsqueda en la historia, tanto Antigua; como Moderna, tendremos muchísima tela que cortar, pues si hablamos de reglas, debemos entender que para constituir cualquier tipo de sociedades, sean católicas, judías, religiosas o del cualquier tipo, inclusive de índole económica, política o social: Por lógica, deben estas estar regidas por estatutos, reglamentos y leyes; para que pueda establecerse con toda la legalidad y obediencia posibles, logrando desde sus principios los objetivos perseguidos...

Entonces, la Masonería, no es la excepción de la regla y más bien ha tenido en el supuesto o conocido tiempo y espacio en los cuales se le ha ubicado, hasta nuestros días...mucha responsabilidad y preocupación , por establecerse como: Una sociedad que se ha dado a la tarea de buscar pensadores y sabios, deseando elevar al ser humano, por encima de la condición humana habitual..." y, sin temor a ser tildado de irresponsable, por cuanto ya en el capítulo anterior les hablé de fechas y hechos históricamente reconocidos por tantos y tantos decidores de su real origen... Y ahora, al igual que el Maestro Serge Reynau de La Ferriere, les digo que la razón de estimar aquellas fechas y hechos, son aceptadas, como muy creíbles", aunque parezca una contradicción el decirles que ese origen >. Se pierde en la noche de los tiempos: Como sociedad fraterna<. y además, que estoy de acuerdo con el hecho de que andar buscando en el >tedioso pozo del tiempo<, con exactitud, su fecha exacta de aparición ante los ojos del hombre, para su beneficio y mejor vivir. ¡No tiene nada de malo! pero es una dura tarea, por la cual deben transitar, con todo género de razonamientos, solamente aquellos que en verdad sienten la necesidad de poseer en sus conocimientos, la más clara certeza del resultado de esa búsqueda.

La Francmasonería, tiene como principal precepto; el de ser una Institución filantrópica, filosófica y progresiva, siendo uno de sus principales objetos, el constante ejercicio de la beneficencia, el indetenible estudio de la moral Universal, el indetenible análisis de las ciencias y una de sus más grandes razones de ser; como lo es la verdadera practica de las virtudes...Enmarcadas; en la eterna búsqueda de la verdad.

No diré que ella es la panacea del mundo y sus habitantes; pero si ha contribuido en una gran parte a esa formación de hombres nuevos, con ideas nuevas y pensamientos nobles, que han sido logrados, bajo la presencia de muchas dificultades y altibajos y que no ha escapado de las vicisitudes del hombre en sociedad; pero que ha podido mantenerse , con la anuencia definitiva de cada uno de sus miembros, al cumplir lo más posible con sus sagrados preceptos. Como: Elevar templos a las virtudes y calabozos a los vicios; luchar contra las tiranías y la esclavitud y buscar la verdad, hasta debajo de los guijarros.

Ella ha logrado mantenerse en pie mediante el cumplimientos de sus leyes jurídicas, reglamentos y una constitución que se cumple lo más cercano al pie de sus letras y siempre con la presencia de las grandes autoridades que le han dado más prestigio, que otra cosa negativa, y que están constantemente , como se dice coloquialmente, al pie del cañón, para su fortalecimiento y mantenimiento en pie, en contra de detractores y gratuitos enemigos, que no han logrado hacernos ver; como una sociedad ocultista y de malos manejos de la voluntad y el libre albedrío en el conocimiento de sus adeptos, sin que medien medias tintas para hacernos desfallecer en el mejor de los intentos de formar hombres buenos para la sociedad en todos sus recovecos y complejos desafíos.

La Masonería ha estado en muchas batallas, sus representantes, también han estado en guerras, y conflictos de diferentes índole, pero ha logrado alzarse con la frente en alto en cada una de las mayorías de esas participaciones y con la salud, fuerza y unión, nos ha mantenido unidos en todos los rincones del mundo, como verdaderos hermanos, que luchan por una sola causa, la igualdad, la libertad y la fraternidad, entre los seres humanos.

La constante e ineludible lucha en contra de ese mal que perjudica silenciosa o escandalosamente a la humanidad y que se conoce como >Fanatismo< Nos ha mostrado bajo un estado que podríamos llamar errado; como lo que no fuimos, no somos, ni seremos , pues los enemigos del progreso, de las buenas acciones y las nobles creencias, nos quieren , han querido y querrán hacernos ver como una sociedad de ocultismo, brujerías y malas praxis, bajo un ropaje negro y blanco y un silencioso mantenernos en constante comunión con el grande arquitecto del Universo y todo lo que tiene relación con el ocultismo, lo han relacionado con nuestra masonería y han tratado de hacer ver que somos una sociedad donde se realizan crímenes fantásticos .

Y de la misma manera que piensa la Ferriere, y otros personajes que nos representan en el mundo entero; ya estamos en el tiempo de que cambiemos el llamado "Siclo de Intelectualidad", al cual hemos sido expuestos en épocas que debemos olvidar, dándole un determinante viraje. Que acabe en forma definitiva con todas esas mentiras.

Y ese salirnos de un determinado dogmatismo, no implica para nada el convertirnos en personeros de la anti religiosidad y, corroboro sus palabras sobre lo que significa la palabra Masón, lo que bajo ningún concepto traduce el ser ateos. No , pues solo se trata de que somos unos individuos que no nos quedamos estancados en una sola creencia y vamos constantes hacia la vastedad de los conocimientos. Y siempre seremos (Obreros de la Piedra). Convertidores de ella; desde su estado natural y deforme, en la fina, pura y noble piedra Cúbica.

De modo que en lo referente a lo espiritual. Siempre andamos en la búsqueda de nuevas luces, de nuevas verdades, con la finalidad de ser cada día más útiles a la humanidad, sin ese odioso proceso de escogencia entre confesiones y causas. Solamente en los mejoramientos de los constantes y benefactores principios filosóficos...Incluso, políticos y sociales. En su mejores y más positivos sentires y propósitos.

Como una parte de nuestro ABC, en nuestra existencia, está marcado como una cuestión plena de un cumplimiento lo más perfecto posible, con las leyes que son practicadas y establecidas en el país, donde hacemos nuestras vidas y luchamos cotidianamente, para un mejor vivir , enmarcados en la justicia y el respeto hacia todos.

Es así que nuestros principios son respeto, lealtad y confiabilidad, aunados a la mutua ayuda entre hermanos logiales , lo mismo que con hermanos carnales, o lo que es lo mismo, iniciados o no, profanos o no...>Sin distingos<.

Nuestras reglas se basan en la hermandad, el respeto , el estudio y el cumplimiento de nuestros augustos misterios y nuestras leyes, las que están implícitas en nuestra constitución, y en los reglamentos y justicialidad, que nos rigen y en unas prohibiciones que se circunscriben en prohibiciones aceptadas , bajo juramento. Y Los Landmarks o mojones rigurosos, que originalmente se traduce como "Marcas en la Tierra" Y que en el No. XXXIX de la General Regulations que compiló en primera instancia por George Payne, Gran Maestro de Inglaterra en 1720 y que fueran aprobados por la Gran Logia en 1721 y posteriormente publicadas por James Anderson en sus Constituciones. Estos Landmarks, datan, según estudios, realizados por algunos historiadores de la Masonería; desde Siete o más Siglos.(Sin cálculo preciso) El Origen de la palabra Landmark de acuerdo a la mayoría de los masones ingleses. Fue tomado de la Biblia (Job 24.2 y Pr 22.28/23.10) y recuerda los mojones—físicos y conductuales— que no debemos violar en nuestra masonería y que son los límites que toda Gran Logia, debe cumplir al pie de la letra y jamás debe derogar, ignorar o modificar, ya que en ellos están conteni-dos los principios y la esencia misma de nuestra Fraternidad Masónica. Estas limitaciones son aquellos principios o reglas de gobierno masónico que determinan la naturaleza de nuestra institución y que por provenir de tiempos inmemoriales, se tienen por inviolables. Y solo dentro de estas limitaciones y linderos se encuentra la masonería y fuera de ellos...Deja de serlo. Los Landmarks por lo tanto se consideran como principios originales e inmutables. Es así, que no permiten ningún tipo de modificaciones. Es sabido que esta palabra o vocablo, era o fue muy utilizado en la

Antigüedad, por Nuestros HH∴.MM∴. Operativos en Inglaterra, cuando se referían a las practicadas costumbres y a nuestros usos Masónicos. Entonces, en nuestra Masonería, entendemos por Landmarks o Antig-uos Límites... A las bases que dan origen a los Reglamentos, Constituciones y Estatutos de los Grandes Cuerpos Masónicos esparcidos en la Faz de la tierra. Esas bases fueron dictadas en época tan remota, que no se encuen-tra relación alguna de su origen en los anales de la Historia. Por tanto, el primordial requisito para que una práctica o regla de acción constituya un Landmark, es que debe haber existido desde una época que la memoria del hombre no puede retrotraer, "su antigüedad es el elemento esencial".

A esos principios o bases tan remotos, el Congreso Masónico de 1721 organizado por la Gran Logia de Londres y Westminster les dio el nombre de LANDMARKS. Dado que irradian un principio de filosofía y de moral tan puro, son de suma aceptación social y le aseguran además el respeto y la veneración de todos los pueblos civilizados de la tierra.
La finalidad de la francmasonería ha tenido siempre como norma de con-ducta, lo justo, lo bello y lo verdadero, circunstancia que la ha llevado hasta el descubrimiento de la realidad y al reconocimiento de lo que es el Ser Supremo.

La francmasonería reclama la libertad de Conciencia, el principio de Igualdad entre los hombres y respeta los derechos de los demás; a nadie rechaza, cualquiera que sea su origen racial, fe política o religiosa y exige de sus miembros el exacto cumplimiento de sus compromisos y sus jura-mentos dentro de la Logia y de sus deberes sociales con la familia, la Pa-tria y la Humanidad. La Institución francmasónica es: Única e Indivisible y sus enseñanzas las imparte por medio de tres grados simbólicos antiguos, de: Aprendiz, Compañero y Maestro. Distingue en los hombres el Saber, el Honor y la Virtud o sea los méritos personales más no el rango ni la posición social; por lo tanto, dentro de su seno, todos los hermanos son iguales; esto no quiere decir que se les despoje de sus méritos civiles, ni de sus títulos profanos a quienes los posean.

Los Landmarks de Mackey

La Primera Gran Logia se constituyó el 24 de junio de 1717, cuando cuatro logias de Londres se reunieron en: La Taberna Gooseand Gridiron y formaron la que denominaron>> Gran Logia de Londres y Westminster. En 1723<<, se aprobaron y publicaron las Constituciones de Anderson (redactadas por el pastor James Anderson y por Jean Théophile Désaguliers) que incluían sus reglas de organización y principios, que marcarían el inicio de la moderna francmasonería especulativa.

Los Landmarks, según la codificación de Albert Gallarín Mackey, publicadas en 1858 en la Revista Trimestral Americana de la Francmasonería, son muy posteriores al libro de las Constituciones de Anderson. Sin embargo escribe Albert Mackey:

"Los fundamentos de la Ley Masónica, deben buscarse en los Antiguos Límites o Linderos, en la Ley no escrita y en las Antiguas Constituciones o Ley Escrita"

Por consiguiente, estas antiguas leyes, son el fundamento inconmovible de las instituciones francmasónicas regulares. De la ignorancia de dicha Ley, entre los Masones, nacen un sinnúmero de prácticas, irregulares, que no hacen sino asestar los más crueles golpes a la Francmasonería, introduciendo la confusión y el desorden.

Han existido muchos intentos por querer modificarlos, se han querido dar a nuestros Landmarks, otras connotaciones; pero los universalmente aceptados son los expuestos y comentados por el Albert Mackey: Y estos son Veinticinco (XXV).

- I-

Los medios de reconocimiento son, de todos los Landmarks, los más legítimos e incuestionables. No admiten variación. Y si alguna vez han sufrido alguna alteración o adición, la maldad de tal violación de la ley antigua, se ha manifestado posteriormente por sí misma.

-II-

La división de la Masonería Simbólica en tres grados es un Landmark que ha sido conservado mejor que cualquier otro; aunque también en este caso el espíritu malévolo de la innovación ha dejado sus huellas. Y por medio de la dilaceración de sus partes concluyentes del tercer grado, ha originado la falta de uniformidad con respecto a la enseñanza final del grado de

Maestro. Y el Arco Real de Inglaterra, Escocia, Irlanda y América, así como los altos grados de Francia y Alemania, están formados para diferir en el modo en que conducen al neófito a la consumación suprema de toda la Masonería Simbólica. En 1813, la Gran Logia de Inglaterra vindicó el Landmark, decretando solemnemente que la Masonería del gremio antiguo constaba de tres grados: aprendiz iniciado, compañero del gremio y maestro masón, incluyendo el Arco Real Sagrado. Pero esta dilaceración jamás ha sido cicatrizada, y el Landmark, aunque reconocido en su integridad por todos, aún continúa siendo violado.

-III-

La leyenda del tercer grado es un Landmark importante, cuya integridad ha sido bien preservada. No existe Rito de la Masonería, practicado en cualquier país o idioma, en el que los elementos esenciales de esta leyenda no se enseñen. Las lecturas pueden variar y, en efecto, su cambio se verifica constantemente. Pero la leyenda, substancialmente, ha permanecido siempre la misma. Siendo necesario que así sea, pues la leyenda del Arquitecto del Templo constituye el punto esencial e identidad de la Masonería. Cualquier Rito del que fuese excluido o alterado materialmente, cesaría desde ese momento, por la exclusión o alteración, de ser un Rito masónico.

-IV-

El Gobierno de la Fraternidad por medio de un presidente llamado Gran Maestro, el cual es elegido del cuerpo del gremio, es el cuarto Landmark de la Orden. Muchas personas suponen que la elección del Gran Maestro se efectúa como consecuencia de una ley o reglamentación de la Gran Logia. Pero ese no es el caso, en absoluto. El cargo debe su existencia al Landmark de la Orden. Los Grandes Maestros o las personas que desempeñan las funciones bajo diferente pero equivalente título, se encuentran en los registros de la institución desde mucho antes de que las grandes logias fueran establecidas. Y si el sistema actual de gobierno legislativo de las grandes logias fuese abolido, aun seguiría siendo necesario el Gran Maestro.

-V-

La prerrogativa del Gran Maestro de presidir todas las asambleas del gremio, en cualquier lugar y en cualquier tiempo, es la quinta señal. Es, en consecuencia de esta ley derivada de la costumbre antigua y no de ningún mandato especial, por lo que el Gran Maestro asume el Poder o, como se llama en Inglaterra, el Trono, en todas las reuniones de la Gran Logia. Y de ella le viene el derecho también a presidir todas las logias subordinadas en las que esté presente.

-VI-

La prerrogativa del Gran Maestro de conceder dispensa para conferir grados en ocasiones irregulares, es otro y muy importante Landmark. Conforme a las normas establecidas por la ley de la Masonería se requiere un mes u otro período determinado, entre la presentación de la petición de aumento de grado y la elevación del candidato. Igualmente ha de pasar un tiempo mínimo para pasar de un grado al superior. Pero el Gran Maestro tiene poder para dispensar del cumplimiento de esos períodos y permitir que el candidato sea iniciado a un grado superior. Esta prerrogativa la poseía el Gran Maestro desde antes de la existencia de la ley que marca los períodos de carencia, y como ninguna norma puede degradar sus prerrogativas, aún conserva el poder.

-VII-

La prerrogativa del Gran Maestro de dar dispensas para la apertura o disolución de las logias es otro Landmark. Puede conceder, en virtud de esto, a un número suficiente de masones, el privilegio de reunirse en asamblea y conferir grados. Las logias de este modo establecidas, se llaman logias de dispensación.

-VIII-

La prerrogativa del Gran Maestro de crear masones a primera vista es un Landmark que está íntimamente relacionado con el anterior. Existe un mal entendimiento en relación con este Landmark que ha llevado, a veces, a negar el mantenimiento de esta prerrogativa en la jurisdicción donde tiene su sede el Gran Maestro. Pero debe de quedar claro el derecho a ejercer dicha prerrogativa sin la oposición u observación meno.

-IX-

La necesidad de los masones de congregarse en las logias es otro Landmark No debe entenderse con esto que la señal antigua ha sido formada como consecuencia de la organización permanente de logias subordinadas, rasgo característico de la organización masónica en nuestros días. Las señales de la Orden prescriben desde siempre que el masón debe periódicamente congregarse con el propósito de realizar el trabajo activo o especulativo, y que estas congregaciones se llaman logias. Antiguamente, estas juntas eran extemporáneas y se reunían para fines específicos, disolviéndose una vez cumplido el objetivo; separándose por lo tanto los hermanos y reuniéndose en otras ocasiones u en otros lugares, de acuerdo con la necesidad o circunstancias. Los poderes de constitución, estatutos, oficiales permanentes, y reuniones anuales son innovaciones modernas fuera del todo de las señales, y dependientes totalmente de los actos especiales de un período comparativamente reciente.

-X-

El gobierno del gremio, siempre que se congrega la Logia, por el Maestro y dos Vigilantes, es también una señal. La congregación de masones reunidos bajo cualquier otro gobierno, por ejemplo, como el de presidente y vicepresidente, o regidor y subregidor, no sería reconocida como Logia. La presencia del Maestro y de los dos Vigilantes es tan esencial para la válida organización de la Logia como el Poder de la constitución en nuestros tiempos. Los nombres, por supuesto, varían en los diferentes idiomas. Pero los oficiales, su número, prerrogativas y deberes son en todas partes idénticos.

-XI-

La necesidad de que siempre que se reúnan todas las logias, sean debidamente vigiladas, es una señal importante de la Institución que jamás se olvida. La necesidad de esta ley tiene su origen en el carácter esotérico de la Masonería. Por lo tanto, el deber de guardar la puerta y vigilar a los cobardes y escuchas es antiguo y, por lo mismo, constituye una señal.

-XII-

El derecho de todo masón de ser representado en todas las juntas generales del gremio, y de instruir a su representante, es la señal duodécima. Anteriormente, estas juntas, que por lo general se reunían una vez al año, se llamaban asambleas generales y a toda la fraternidad, aun al aprendiz iniciado más joven, se le permitía estar presente. Ahora se llaman "Grandes Logia" y únicamente los Maestros y Vigilantes de las logias subordinadas son admitidos. Pero esto es simplemente como representante de sus miembros. Originalmente, cada masón se representaba por sí mismo. En la actualidad es representado por sus oficiales.

-XIII-

El derecho de todo masón de apelar a la decisión de sus hermanos de logia, a la Gran Logia o Asamblea General de masones, es una señal sumamente esencial para la preservación de la justicia, y para evitar la opresión. Algunas Grandes Logias modernas, al adoptar el reglamento de que la decisión de las logias subordinadas, en caso de expulsión no puede diferirse por medio de apelación, viola incuestionablemente la señal, así como los principios del gobierno justo.

-XIV-

El derecho de todo masón de visitar y sentarse en todas las logias regulares es una señal incuestionable de la Orden. A esto se le llama el derecho de visita. Este derecho, por supuesto, puede ser alterado o suspendido en casos especiales y por diversas circunstancias. Pero cuando se niega la admisión a un masón en el pleno disfrute de sus derechos, es necesario que se deba a alguna razón suficiente y razonable, y deberá exponerse el porqué de la violación de lo que es, en general, un derecho masónico, fundado en las señales de la Orden.

-XV-

Es una señal de la Orden, que ningún visitante desconocido de los hermanos como masón, puede entrar en la logia sin pasar primero por el examen, de acuerdo con la costumbre antigua. Por supuesto, si el visitante es conocido de algún hermano de los presentes como masón en uso de sus derechos, y si ese hermano testifica sus calificaciones, puede dispensársele del examen, pues la señal se refiere únicamente a los casos de extraños.

-XVI-

Ninguna logia puede intervenir en los asuntos de otra logia, ni conferir grados a hermanos que sean miembros de otra logia. Esto es indudablemente una señal antigua, fundada en los grandes principios de la cortesía y bondad fraternal, que son la base de nuestra institución. La señal ha sido reconocida repetidas veces en épocas posteriores, de conformidad con las disposiciones de los estatutos y decretos de todas las Grandes Logias.

-XVII-

Es una señal que todo francmasón está sujeto a las leyes y reglamentos de la jurisdicción masónica en que reside, a la vez que no puede no ser miembro de ninguna logia. La falta de afiliación no excluye al masón de la sujeción a la jurisdicción masónica.

-XVIII-

Ciertas calificaciones de los candidatos para la iniciación se derivan de la Señal de la Orden. Estas calificaciones se refieren a que debe ser un hombre no mutilado; de nacimiento libre, y de edad madura. Por consiguiente, la mujer, el que ha perdido el uso de sus facultades, el esclavo o el que ha nacido en cautiverio, están descalificados para la iniciación en los ritos de la Masonería. Los estatutos, es cierto, han decretado de vez en cuando, ya sea vigorizando o explicando estos principios. Pero las descalificaciones provienen de la propia naturaleza de la Institución masónica y de sus enseñanzas simbólicas, y han existido siempre como señales.

-XIX-

La creencia de la existencia de Dios como el Gran Arquitecto del Universo, es una de las más importantes señales de la Orden. Ha sido siempre admitido que la negativa de la existencia del Poder Supremo como Autoridad Preeminente es una descalificación absoluta para la iniciación. Los anales de la Orden nunca han otorgado hasta la fecha, ni podría contemplar el caso de que un ateo declarado fuese constituido masón. Las mismas ceremonias de iniciación al primer grado prohíben y desde luego impiden la posibilidad de tal incidente.

-XX-

Subsidiaria a esta creencia en Dios, como una señal de la Orden, existe la creencia de la resurrección a la vida futura. Esta señal no es impresa tan positivamente al candidato por las palabras exactas como la precedente. Pero la doctrina que se enseña por inducción es perfectamente clara, y comprende el sistema entero del simbolismo de la Orden. El creer en la Masonería, y no creer en la resurrección, sería una anomalía absurda que solamente podría explicarse por medio de la irreflexión, pues aquel que confunde de este modo su creencia y su escepticismo, es tan ignorante del significado de ambas teorías, como si no tuviese principio racional para el conocimiento de una cosa o de la otra.

-XXI-

Es una señal que el Libro de la Ley debe constituir una parte indispensable del mobiliario de toda Logia. Digo deliberadamente Libro de la Ley, porque no se requiere que en todas partes se usen los Testamentos Nuevo y Antiguo. El Libro de la Ley es ese volumen que, por religión del país, se cree contiene la voluntad manifiesta del Gran Arquitecto del Universo. Por lo que, en todas las logias que existan en los países cristianos, el Libro de la Ley se compone del Antiguo y Nuevo Testamento. En un país donde el judaísmo fuese la fe predominante, el Antiguo Testamento sería suficiente y, en los países mahometanos y entre los masones mahometanos, podría ser sustituido por el Corán. La Masonería no pretende interponerse con la fe religiosa de sus discípulos, excepto en los que se relaciona con la creencia en la existencia de Dios, y en lo que necesariamente se relaciona con esa creencia. El Libro de la Ley es para el masón Especulativo su tablero de trazado espiritual pues sin este no puede laborar. Y cualquier cosa que cree ser la voluntad manifiesta del Gran Arquitecto constituye para él este tablero espiritual, y debe estar siempre delante de él en sus horas de labor especulativa, pues es regla y guía de su conducta. Por consiguiente, la señal, requiere que el Libro de la Ley, código religioso de la misma especie, designado como el ejemplar de la voluntad manifiesta de Dios, debe formar una parte esencial en el mobiliario de toda logia.

-XXII-

La igualdad de todos los masones es otra señal de la Orden. Esta igualdad no se refiere a ninguna subversión de esas graduaciones del rango que han sido constituidas por el uso de la sociedad. El monarca, el noble, o el caballero, tienen derecho a ese afecto y, por lo mismo, se le otorga el respeto, que corresponde justamente a su posición. Pero la doctrina de la igualdad masónica implica que, como hijos de un Padre supremo, nos reunimos en la logia con la misma igualdad, bajo esa igualdad en la que todos nos conducimos a un sólo fin predestinado. Pues, en la logia, los verdaderos méritos reciben más respeto que una opulencia infinita, y la virtud y la inteligencia únicamente los que serían recompensados con la preeminencia. Una vez que las abores de la logia hayan terminado, y los hermanos se hayan retirado de su soledad pacífica para confundirse de nuevo con el mundo, cada uno vuelve a su posición social y ejerce los privilegios de ese rango, cuyas costumbres le otorga la sociedad.

-XXIII-

La discreción de la Institución es otra señal y la más importante, de forma que la discreción absoluta es algo inherente a la Masonería, existiendo con ella desde su misma fundación, y protegida por ella por medio de sus señales antiguas. Si es desposeída de su carácter secreto pierde su identidad y cesa de ser Francmasonería. Por consiguiente, todas las objeciones que puedan hacerse a la Institución en lo relativo a su discreción deben de ser rechazadas. Sin prestar atención a los muchos torpes y mal intencionados que, por cuestión de conveniencia, intenten desposeerla de su carácter secreto, tomando las medidas que hagan siempre imposible la perdida de la señal, aún en el caso en el que ésta no se interpusiera ante nosotros como obstáculo. Porque un cambio de tal naturaleza ocasionaría el suicidio social y la muerte de la Orden. La Francmasonería, que como asociación secreta ha vivido inalterable por signos, no permanecería por muchos años como una sociedad libre y abierta.

-XXIV-

La ciencia especulativa aplicada al arte activo, el uso simbólico y la explicación de los términos de ese arte con los propósitos de enseñanza religiosa o moral, constituyen otra señal de la Orden. El templo de Salomón fue la cuna simbólica de la Institución, y, por lo tanto, la referencia de la Masonería activa que construyó ese magnífico edificio, a los materiales y herramientas que fueron empleados en su construcción, todas son partes componentes y esenciales de la Francmasonería que no podrían substraerse de ella sin ocasionar la destrucción completa de la identidad entera de la Orden. Por lo que, todos los Ritos comparativamente modernos de la Masonería, como quiera que difieran en otros conceptos, conservan religiosamente esta historia del Templo y estos elementos activos.

-XXV-

La última señal y complemento de todas es que estas señales nunca pueden ser cambiadas. Nada puede ser sustraído de ellas -y nada puede ser adherido a ellas-. Ni la menor modificación puede efectuarse en ellas. Del mismo modo que nos fueron otorgadas por nuestros predecesores, del mismo modo estamos obligados por los compromisos más solemnes del deber a trasmitirlas a nuestros sucesores. Ni un sólo ápice de estas leyes escritas puede ser revocado o abolido pues, en lo que se refiere a ellas, no solamente estamos obligados sino que deseamos adoptar la frase de los atrevidos barones antiguos de Inglaterra "Nolumus leges mutari". En 1723 , se puede leer literalmente: "Toda Gran Logia Anual posee un poder inherente y autoridad para hacer nuevas regulaciones, o para alterar estas, para el beneficio real de esta antigua Fraternidad, siempre que sean reservados los Antiguos Land Marks". Estos son llamados así o Reglas de conducta que han existido desde tiempos inmemoriales, bien sea bajo la forma de Ley escrita o no, y las mismas son coesenciales a la Sociedad Masónica y según opina la gran mayoría, estas no son incambiables y todo masón está obligado a mantenerlas intactas, en virtud de los compromisos más solemnes e inviolables. Pudiéndose aceptar que los Land Marks, serían la tradición masónica no escrita, o lo que es lo mismo, un listado de Land Marks, sería un contrasentido, pues por otra parte, los verdaderos Land Marks, deben ser relacionados con la Antigua Masonería Operativa., pues a fin de cuentas, es la innegable fuente y origen de la que abrevaron especulativos, de la misma manera que el propio Dharma, primordial, no fue escrito, sino contado, según la tradición

Hindú. Y se dice que los Diez mandamientos, no fueron escritos , sino transcriptos y Antígona, le echa en cara a Creón la existencia de leyes, no escritas, pues las mismas fueron establecidas por los dioses, las que son muy superiores a las dictadas por los hombres y, por ello, los auténticos Land Marks, le corresponden al propio espíritu de la Masonería Antigua, aunque no a la Moderna y la prueba fehaciente de ello; es la incapacidad de esta última para ponerse de acuerdo, con los contenidos y los alcances de estos.   Yo diría, sin temor a equivocarme, que estos fueron, son y deben seguir siendo, los reglamentos que todo Masón, debe aprender, cumplir y hacer cumplir, de manera Sine Cua Nom y que además deben ser inculcados con carácter de obligatoriedad a los que aspiran ingresar en nuestros Augustos Misterios, implantándolo de esa manera, como parte de nuestro ABC. Al igual que enseñar la lectura del documento Regius. Pues ellos constituyen las Antiguas Obligaciones y por ellas es que la Masonería ,mantuvo, mantiene y mantendrá su Altísimo respeto y credibilidad en todo el mundo.

>Documento Regius<
Este Antiguo Documento o Poema Regius, y de autor Anónimo , está compuesto por 660 versos sin rima alguna, en el año 1390, y que se estima como fuentes de inspiración, tanto la Biblia, Antigüedades Judías, y de Flavio Josefo, siempre tomando el Arte o ciencia Geométrica,
Luego, fue escrito otro Manuscrito de nombre Cooke, entre los años 1410 y 1420 y posteriormente en el año 1583, otro de nombre: Grand Lodge No. 1. Todos estos documentos antiguos (Edad Media). Son esenciales cuando uno anda en busca de antecedentes que le dieron prestigio al oficio de trabajadores de la piedra y arquitectos medievales, desde el punto de vista social. Y me limitaré a nombrar , para mí, en orden de importancia a algunos de ellos: Jubal, Tubolcaín, Enoch, Noé, Abraham, Euclides y por supuesto algunos conocidos Reyes como: David, Salomón,Althelstan y Edwin, etc.

¿Quiénes pueden optar para ingresar en la Masonería?

¿Quiénes pueden optar a ser convertidos en hijos de la viuda y QQ:. HH:. Es una pregunta que se hacen Tirios y Troyanos, propios y extraños y que en parte puede establecerse como algo muy difícil o cuasi imposible de lograr; pero eso estaría muy , pero muy lejos de la realidad; pues no es tan fiero el león , como lo pintan o lo que es lo mismo...Eso es la mar de sencillo...Y comenzaré por aclarar que la masonería, No es una sociedad de extraterrestres o algo parecido, antes por el contrario, es de muy tierra firme y de muy buenos propósitos para la aceptación de todo hombre y en algunas latitudes mujeres...que cumplan con dos o tres condiciones, que nos pertenecen como género humano y que están presentes en cada uno de nosotros.

La primera de ellas: Es simplemente, que la persona que aspire ingresar en nuestros augustos misterios, por lógica , debe creer en un ser superior, en cualquier tipo de religión , segundo: Debe ser una persona de buenas costumbres, en todos los sentidos y tercero: No debe tener o haber tenido problemas con la justicia y de esa forma, puede tocar a las puertas de nuestros templos o lugares de trabajos masónicos, constatar a uno de nuestros hermanos o como mandan nuestras leyes, debe ser recomendado por dos maestros masones. Y de allí en adelante todo le será explicado y si tiene suerte y cumple con todo, podrá ingresar sin problema alguno. (Los curiosos no tienen cabida de ninguna manera).

De acuerdo a mis experiencias en ese sentido; nunca debemos dejar de realizar la importantísima visita familiar, llamada también domiciliaria, esa debe ser una condición >Sine Cua Nom<...Y esto se realiza de una manera sencilla y sin que hayan otras razones más claras que; las de darnos a conocer con los familiares del candidato que toca nuestras puertas y por otro lado muy sugeneris, conocer lo más posible sobre sus vínculos y sus aceptaciones, respecto a lo que su familiar , busca en nuestros augustos misterios... Y de allí debe depender en gran parte el aceptarlo o no, desde luego que se presenta ante el V:. M:. De la Logia, donde ha tocado y pretende ingresar y éste en conjunto con sus Obreros, da cabida o no ha dicho ingreso.

Y se conoce que en muchas logias de nuestra fraternidad, ha habido algunos problemas con hermanos aprendices, han cometido alguno que otro desatino o falta en su vida profana, y eso ha servido, como caldo de cultivo; para en mal señalarnos, lo que sucede hasta en las mejores famil-ias, pero que debe suceder con menor frecuencia o con cero frecuencia, entre nosotros, pues debemos actuar con mucho celo y fervor, en estas aceptaciones y posteriores iniciaciones...

Estos aspirantes deben cumplir sin falta alguna con lo que se les señala y se les recomienda, casi siempre una vez por semana, investigaciones y participaciones en charlas y conferencias...Pues de esa manera nos tras-mite ese verdadero deseo de convertirse en uno de nuestros miembros.

Estos aspirantes o candidatos, deben mantener silencio, cuando hablan los maestros y hablar cuando se les solicita o da permiso, obviar las vul-garidades y ser respetuosos, antes, en el momento y sobre todo después de ser iniciados, observar, callar y aprender...Esas son las reglas básicas, para lograr entendernos y sobre todo, entenderse a sí mismo y poco a poco se irá conociendo y entenderá de lo que realmente se trata la ma-sonería. Ya que muchos se ponen a averiguar al respecto y son engaña-dos o mal informados, sobre lo que es en verdad la masonería y otras tantas , hablan con algún amigo, que pertenece a nuestras logias y por amistad, les enseñan lo que no deben y al entrar en nuestros templos, llegan con ciertos aires de sabiduría y dominio, creyendo que vapulearán o engañarán a los maestros y un poco más allá; porque a mí, me con-sta, llegan a nuestros predios y son atendidos por algunos hermanos que también son amigos suyos y les restan importancia a decir malas palabras o frases que no son para nada masónicas y esto les sirve de ac-icates, para creer que ya son realmente de la familia masónica y actúan de acuerdo a ello...Son crasos errores que no deben ser cometidos por los QQ:.HH:. , ni antes ni después de ser iniciados.

Últimamente, creo, que han logrado o engañarnos o engañarse a sí mismos, al lograr dicho ingreso y cometer asuntos peleados con esas necesarias, buenas costumbres o hemos fallado a la hora de escoger a nuestros futuros hermanos logiales, siendo permisivos y no cumpliendo con nuestros estatutos y pasos importantes que le sean exigidos.

En el mundo entero existen las mismas formalidades e incluso en algu-nas logias, les exigen un poco más que lo que hacemos o exigimos en Venezuela; pero en el fondo , cumplen los mismos objetivos, pues no es necesaria la mayor cantidad de aspirantes, sino la mayor calidad o cuali-dad de ellos... Al ser iniciados.

Yo conocí a unos jóvenes que deseaban ingresar en la masonería, y lo que ocurrió en ese entonces, no lo puedo olvidar y lo conservo como ejemplo, para entregárselos a los candidatos o aspirantes al ingreso a la masonería...Eran tres y yo, era el número cuatro, comenzamos a tocar puertas y mientras esto sucedía, hicimos amistad con un buen maestro, que hoy por hoy es grado 33 y, continúa siendo muy afable y colaborador y, cumple con las funciones que deben realmente cumplir los maestros, que no es otra cosa que; guiar, enseñar, trasmitir conocimientos a los aprendices y compañeros, que están navegando en el mar de la futura sabiduría, lo cual es el verdadero sentido de toda esta misteriosa búsqueda.

Tocamos puertas en unas logias cuyos nombres los puedo mencionar sin temor a ser juzgado , como decidor de secreto alguno: La Unión Número Cinco, Símbolos Ciento Trece y la Estrella de Bolívar, creo que número Ciento dieciocho, todas pertenecientes al Gran Oriente de la Ciudad de Caracas y que aún realizan sus trabajos en el Gran Templo Masónico de Venezuela, Ubicado en la Esquina de Jesuitas a Maturín Número Cinco. Caracas. Venezuela.

Cuando ya estábamos listos para ser aceptados como candidatos, para comenzar con las charlas con diferentes maestros de las diferentes logias que allí coexisten fraternalmente, a uno de ellos no le permitieron ingresar en ninguna, en tanto que a los otros si nos dejaron y comenzaron con nuestra preparación y reconocimiento, por parte de todos ellos...Y no lo aceptaron, por cuanto al lanzar las llamadas volutas, blancas y negras, si una de ellas es negra, las vuelven a lanzar, y si a la tercera, continúa saliendo una negra, ya no puede ingresar, por lo menos en esa logia y de esa forma, él continuó insistiendo, pero cuando ya no quería molestar más, "según sus palabras" , fue aceptado por una logia que logró, al realizar el escrutinio, sacar a relucir las ocho bolitas de color blanco , hoy en día es un excelente Q∴H∴ y tiene un alto grado en nuestros augustos misterios, es ejemplar y aunque se enteró de quien fue el personaje, que sin conocerlo, no lo quería como hermano, por el hecho de ser de ideas revolucionarias y mantener un periódico comunitario, cosa que él nunca comentó con ninguno , pero este señor por cierto de nacionalidad Peruana, no entendía que así como él no hablaba de política ni de religión en el templo, el joven candidato, tampoco lo podría hacer, optó por cerrarle el paso y, lamentablemente a ese querido hermano, lo sacaron del templo, por otras razones , expulsado y mal recomendado.

Él lo perdonó porque comprende que esas cosas suceden, pero no son para el comúndenominador de las personas, sobre todo para los profanos: Ese juzgar o prejuzgar a la gente, no debe tener cabida entre los QQ∴ HH∴ Y menos cuando ostentan altos grados...

Un masón aprendiz, es tan igual a uno del grado 33, por cuanto ambos han sido iniciados y si el uno comienza el otro, no debe dejar de entender, que jamás se deja de comenzar, pues solo se termina, cuando viajamos al Eterno Oriente y, aún así, si dejamos buenas semillas, nunca morirá y continuará siendo ese eterno aprendiz.

Existe un dicho muy >nuestro< y muy acertado, que reza así. "El que entra por curiosidad, sale por curioso y por cuenta propia". Entonces, ahora sabemos que es la mar de sencillo ingresar en nuestras filas, gozar de la calidez de los hermanos y de la protección inigualable e inobjetable Del Grande Arquitecto Del Universo.

>Un Gran Comendador De un Supremo Consejo de Caballeros Masones, debe mantener intacto ese don de gentes y de hermano, y debe atender al hermano que le escribe, le habla y le solicita, sin que medien otras razones para ello, que no sea la fraternidad y el amor al Hermano<. Jamás debe llevarse por chismes y malas posturas hacia sus HH:. Y además, siempre tiene que tener pruebas irrefutables en la mano, para juzgar o simplemente prejuzgar a otros QQ:.HH:., pues se ha dado uno que otro caso , en el que uno le cae pesado o mal o simplemente , por ser más inteligente o más tratable que él o lo que sea un factor para sentir lo que no debe existir entre nosotros, odio o envidia…

Y entonces, ha hecho lo imposible por perjudicar en su camino masónico a ese otro H:. Y ha conseguido la atención y la aceptación por parte de otros QQ:.HH:. Y de autoridades superiores, para frenar e incluso someter juicios viciados y hasta darse el tupé de >>irradiar<<, al acusado de lo inventado. Actuando de forma antimasónica y solo ganando puntos contrarios a su verdadero sendero de luz, amor y fraternidad.

Y para enriquecer un poco esa posibilidad de llegar a convertirse Ud.; en un querido Hermano, tiene que saber, que aunque le parezca algo trillado o repetitivo, tiene que estar preparado, para que cuando le hagan esa sencilla pregunta, que todos se hacen, cuando desconocen de qué se trata ese convertimiento en hijo de una viuda y entonces usted; responderá a sus anchas…>Esto< Que le explico en mi ensayo y que no deja lugar a dudas, sobre su respuesta, respecto a la importante incógnita.

¿Qué es ser un Masón?

La respuesta a esta interesante pregunta, es aparentemente muy sencilla, pues unos queridos hermanos, dicen que: "Un Masón es una persona libre pensadora y de buenas costumbres" "Otros opinan que es una persona que logra obtener ese rango o título, mediante un ritual iniciático autorizado" Y yo que me considero y valga la inmodestia, un verdadero Masón, opino que, ambas opiniones sobre esta pregunta, son positivas, pero debo extenderme en ese concepto, para desarrollar con amplitud y claridad este; >para mí<, importantísimo ensayo.

Un Masón; para poseer este maravilloso título y sentirse verdaderamente digno del mismo, debe estar bien encaminado , bien orientado y bien seguro de no llegar a este punto, sin hacerse una especie de acto de constricción, muy íntimo y poderoso, que le haga sentirse verdaderamente atraído y preparado; para introducirse en un mundo o si se quiere sub mundo, de interminables aprendizajes y enseñanzas, de aceptaciones y proposiciones, de obediencia y sugerencias, de credulidad y de incredulidad, de sacrificios y de fuerza, de la utilización del llamado libre albedrío, bajo un esquema de inteligencia y comprensión, de aceptación e investigación, de propensión a la verdadera e intencionada razón. Además de un grado de Tolerancia que se pueda desarrollar en el mínimo tiempo de su ingreso en esta noble y poderosa sociedad.

Un Masón, tiene que poseer un grado de intelectualidad suficiente para entender que no todo lo que brilla es oro; pero tampoco es algo desechable; para no irse de las primeras y juzgar o prejuzgar a otro hermano, sin antes proceder a realizar una investigación sobre el hecho que se trate y más aún si se tratase de algo muy delicado (se han visto casos y aun se continúan viendo) Un Masón es una persona que debe estar por encima de las opiniones adversas o centradas en cuestiones políticas o religiosas y nunca debe mal poner los signos patrios del país donde mora.

Un verdadero Masón, debe estar abierto tanto para preguntar; como para atender cuando se le pregunta, de buen talante y sincera propiedad. Debe entender a hermanos o profanos con la misma intensidad, como le gustaría ser entendido por estos. Y si posee un alto grado o una alta ocupación en junta directiva u otra posición , debe ser el más humilde dentro de nuestra sociedad, no debe hacerse esperar, no debe dejar de contestar cualquier correspondencia o llamado de sus QQ:.HH:. Cuando estos le necesiten o le ocupen su atención...El Masón que logre hacerse de una respetable Tolerancia, desde todos los puntos de vistas masónicos e incluso de otras índoles, puede estar seguro de que es y está en el sitio apropiado, en el momento preciso y en el lugar exacto, donde debería estar; como un verdadero y respetable Querido Hermano: Un Masón es un hombre justo, sincero, probo y bondadoso, pero en el marco de esa bondad o Filantropía, debe estar implícita: La familia y la sociedad en su integralidad y constantemente en estado de preparación y superación en todo lo que se relacione con su justa acción masónica; como en la vida donde el común denominador es impredecible y profundamente cambiante.

Ahora bien, para entrar a referirme a lo que, para mí, representa, es y debería ser la Sociedad Masónica, tengo que referirme al momento en el cual Jesús, le pidió a sus discípulos que dejasen que él, lavara sus pies y Pedro se negó a aceptarlo, pero Jesús le dijo que "Si no te lavare, no tendrás parte conmigo" (Juan 13:8) y Pedro tuvo que aceptar, diciéndole ¿Señor tú me lavas los pies? Y en el Versículo 7, Jesús le dijo "Lo que yo hago, tu no lo comprendes ahora, más lo entenderás después" Y terminó diciendo que el que él le lavare los pies estaba totalmente limpio de pecados.

Parecerá algo halado por los cabellos, esta invocación a este pasaje de Jesús y sus discípulos; pero, desde mi humilde punto de vista, todo aquello tiene que ver directamente, con cualquier empresa Física, mental o espiritual que se lleve a cabo, anteponiendo la luz, la fe y la verdad, ante todo lo que implique; la mentira, la vanidad y las falsedades disfrazadas de belleza, de entrega y de amor.

Cuando apareció la Masonería en la faz de nuestro mundo, lo poco mucho que se hacía, era trabajar y cumplir con los encargos que les eran hecho a los picapedreros y constructores, todo fue evolucionando, pero desde un principal punto de vista, como lo fue el secreto sobre las experiencias y la puesta en práctica, celosamente de todo lo aprendido, o lo que es lo mismo, Todo era como algo sagrado y por lo tanto debía ser transmitido con ciertas claves o símbolos y tocamientos y palabras de boca a oídos, pues se corrían muchos riesgos entre los enemigos aparecidos entonces. Y hoy están vivitos y coleando, muchos de sus descendientes.

Jesús y sus discípulos, eran una especie de sociedad secreta y a su vez, estaban expuestos a ser capturados y acusados de herejes, u otros tipos de delitos para entonces. Todo el que se involucró con Jesús, estaba libre de pecados; como todo aquel que es iniciado en la masonería, debe cumplir una serie de normas, estatutos, liturgias y respetar la constitución, que rigen los destinos de la orden. Todo al que Jesús lavara su pies, era cristiano, todo el que es iniciado en la masonería es Masón; por lo que el lavado de los pies a los discípulos, es exactamente, la iniciación, con todo sus ritualisticos pasajes. Con la única diferencia que nosotros los hijos de la viuda, fuimos excomulgados, mediante una gula Papal, Y aunque algunos papas han hablado sobre ello y sobre el perdón y otras maravillas eclesiásticas...Aun permanecemos, con nuestros cuerpos, almas y conciencias muy tranquilos y avanzando cada instante más y más hacia la perfección de nuestras existencias.

Lavar los pies es exactamente igual a ser iniciados, en este caso específico de la masonería: La masonería es una institución hoy por hoy, muy grande y respetada y se dice , que ella es hacedora de grandes hombres, merecedores de toda la confianza que se pueda dar a persona alguna, por sus cualidades obtenidas a través del estudio y los conocimientos que ella, la masonería transmite a sus adeptos y los Masones trabajamos a nombre del G:.A:.D:.U:. En tanto que en el marco religioso, los Cristianos, creen en cristo. Ambas cosas son, (para mí) Sagradas.

La masonería, dota a los masones de múltiples herramientas, que deben ser estudiadas, conocidas y manejadas con sumo cuidado y con respeto y celo, por cuanto la masonería estando escrita desde aquellos lejanos tiempos a esta era, a este siglo y habiendo sido atacada, manipulada y muchas veces tergiversada y perseguida; se ha mantenido se podría decir que impertérrita y casi incólume, ante toda esa consecución de intentos de hacerla desaparecer de la faz de la tierra.

Solo que en nuestra grandiosa y casi perfecta sociedad, tildada de secreta, siempre habrá quien no se atreva a lanzar la primera piedra; y no es para menos, la masonería cada día debe ser más cuidadosa al recibir en su seno a nuevos aspirantes a pertenecer a ella y para eso las autoridades que rigen nuestras actividades, deben estar más pendientes de quienes tocan a nuestras puertas y cumplir cada logia, con todos los pasos que son leyes en la misma, sin dejar escapar a ni uno de ellos, por amiguismos o por otras razones, la masonería debe vigilar cada paso de los que se acercan a ella, los últimos acontecimientos son signos de debilidad y de descuido, así lo creo y así lo digo, por la verdad murió cristo "El demonio; como el más grande de todos los detractores de las cosas buenas ,santas y provechozas; para la humanidad en su totalidad...Tiene la facilidad de disfrazarse de lo que más le apetezca, por lo que nosotros los hijos de la viuda, debemos estar muy atentos al aceptar a ciertos futuros QQ:. HH:. En nuestros Templos Y Augustos Misterios"...

Esos demonios que logran entrar a nuestras logias, por razones obvias, buscan perjudicarnos y poner en tela de juicio, lo que somos o deberíamos ser realmente, ante propios y extraños. Aquí deben desaparecer los "Eso no importa" ¿No, para qué visitas domiciliarias? ¡Ya tiene algún tiempo para ser iniciado! Se deben olvidar las cantidades y someter a dura prueba las cualidades, de los aspirantes a ingresar en nuestros augustos misterios. Y la masonería Venezolana, debe obligar a los Maestros a seguir un patrón de conducta, cuando se vaya a hablar con los que tocan puertas, mucho respeto, orden y seriedad, nada de groserías y payasadas, pues allí radican algunas de las fallas a la hora de ingresar a las iniciaciones, recuerden lo que sucedió con unos aprendices, consumiendo sustancias prohibidas dentro de uno de nuestros templos y, según entendimos, todo quedó subsanado, por la vía de nuestras leyes. Y la Ley debe entrar por casa, ¡¡No se debe fumar dentro del templo, tengamos el grado que sea, eso es una falta, una imposición y un abuso!! Además es un síntoma de ignorancia y de un Ego que no va con nuestras enseñanzas.

La Masonería se debilita cada vez que suceden casos increíbles con aprendices y casos extraordinarios e impuestos por QQ∴HH∴. Que se pueden creer dueños de la institución y someter a los de menor grado, eso es inconcebible, pues esto no es un cuartel: Es una Institución que merece el respeto y la consideración total de sus miembros. Y termino mi ensayo con algunas frases mías y de otros queridos hermanos:

"El dolor que Jesús sintió en la cruz, fue intenso, tanto que creyó que su padre le había abandonado"—"La Octava columna de la prosperidad, dice "Todos los jóvenes deberían leer la monografía de Emerson, sobre la confianza propia" de James Allen...

Plutarco, jugando con las palabras, escribe "Ser iniciado es morir... para renacer"

Dice Pike; tajantemente: "Yo predico una religión, pero es la <<religión universal, enseñada por la Naturaleza y por la Razón>> Y él Pike, reconoce abiertamente el contenido religioso de la masonería. Y dice Serge Raynaud De La Ferrere.

"Salir del dogmatismo, no implica precisamente algo antirreligioso y termina...Masón no quiere decir Ateo "Libro negro de la Masonería y por último, leí en: Entre Columnas del Diccionario Masónico de Jorge Francisco Ferro: "La Masonería Occidental tiene por leyenda iniciática fundadora de la epopeya de la construcción del Templo de Salomón, pero sus constructores lejos de llamarse "Masones" eran los personajes bíblicos Bonai" y yo me digo y les confieso que "Ser Masón sin sentirlo de corazón" es como pedirle a Dios algo, con una oración y cruzar los dedos, evitando que se cumpla. "A veces me siento como un extraño en mi logia; pero en verdad es que soy un poco diferente" Por estar cortado por la sierra antigua". Lo que no considero una falta ni mucho menos, sino es algo superable y no, un asunto; para echarse a morir.

Pero debo aprovechar la ocasión de que estoy hablando de esto tan importante; para transcribir una Plancha de un Q∴H∴. Cuando apenas estaba siendo convertido o aceptado como Aprendiz Masón con buen tino, mucha claridad y exactitud en su explicación, merece ser tomado en cuenta y transcribir su trabajo:

El Q∴H∴. Pertenece a la Resp∴Log∴. Dios y Patria No. 67, su nombre es: Diego Martínez Acosta, AP∴Mas∴. El Intituló su Plancha como (Las Herramientas del Aprendiz).

Sencilla explicación de algunas simbologías

Cuando se quiere encontrar la forma más idónea de referirse a la Simbología Masónica, para no caer en la famosa trampa y muy intencionada de ser acusado de traición o de debelador de secretos masónicos; es conveniente, dejar muy en claro a todos los que están en sintonía con este trabajo, >>claro, sincero y despojado de extraños tapujos e irreales y fantasiosas mentiras<<... Lo único que se me ocurre, como entrada al túnel de las preciosas aclaratorias y de los conocimientos, tanto Exotéricos, como Esotéricos, que son muy correctamente aplicados en el mundo masónico de los iniciados; como en el mundo profano de los no iniciados...Es aclarar que nada es de nadie y que todo nos pertenece de la misma manera que respiramos el mismo Aire y recibimos los rayos del mismo Sol.(Todo está allí para ser utilizado, siempre y cuando se haga de la manera correcta.

Y, aunque no estoy inventando el agua tibia, ni la sonrisa en el bebé; si debo ser cuidadoso, solo para no confundir en vez de trasmitir con claridad meridiana, los posibles conocimientos que la simbología mantiene en sus diversas formas y características, desde las más simples hasta las llamadas muy complicadas...

Es muy conocido aquel axioma que nos indica que "Dios habla con las matemáticas" Y no lo hace simplemente para un grupo de personas que creen en él o no, lo hace para todos los habitantes del mundo tierra y voy más allá, desde que el mundo es mundo, lo ha venido haciendo, bajo múltiples esquemas, situaciones y caracteres aparecidos en los más recónditos rincones de que la memoria tiene conocimientos, bien por intermedio de pinturas, jeroglíficos, escenas abstractas del hombre mismo y las aparecidas en petroglifos, cuevas, tótems, pirámides, y otras tantas construcciones , que han venido siendo descubiertas y estudiadas, para saber , según entendemos ¿De dónde realmente procedemos o venimos y, muy probablemente hacia dónde vamos... Los Masones y por supuesto...La Masonería?.

Uno oye hablar a los grandes filósofos, historiadores, creadores y hasta inventores, de cosas en las cuales hombres de toda naturaleza y mujeres y hasta los mismos animales, tuvieron, tienen y siempre tendrán participación en nuestras vidas, en todos y cada uno de los rincones de la tierra. Y cada día queda un poco más fascinado, con las cosas que descubre y que de alguna extraña o Natural o Mistica manera, llega hasta nosotros, para que las podamos entender, disfrutar y utilizar, siempre para el beneficio general del mundo, muy parecido que las cosas que hacemos los masones, siempre para el bien general de nuestra orden en particular y del mundo en general.

Bueno, una vez dicho todo esto, comenzaré por hablarles de lo que es o son la base de nuestros trabajos...Como obreros que siempre fuimos, somos y seremos por la eternidad, incluso más allá. Y en la usanza necesaria ,natural e histórica de nuestros instrumentos como trabajadores de la piedra y la construcción de grandes edificaciones, con nombres grandiosos , simples y compuestos; como por ejemplo, Palacios...Catedrales.... Puentes, no muy nombrados por cierto, en nuestros escritos, pero si realizados por nosotros , desde la antigüedad y más allá.

Tenemos la Escuadra y el Compás, la cuchara, el pico, el cincel, la plomada, el nivel, la regla de 24 pulgas, el Mazo, la cuchara, la zapapico, y otras que iremos reconociendo y descubriendo, lo que cada una de ellas representa, con respecto a nuestras propias condiciones de seres humanos...Y nuestro quehacer diario y que estarán apareciendo en todo este escrito, tal vez; misteriosamente.

Por los momentos, circunscribiéndome a lo que les asomé , referente a la simbología y la parte esotérica, y para ello me aprovecharé de lo que el Ilustre Maestro La Ferriere, nos habló, nos habla y no hablará , mediante sus escritos, legados a sus eternos alumnos o adeptos y comenzaré por mencionarles un pequeño poema o señalamiento de su inspiración sabia y profunda: "Sobre el océano de la vida, de qué serviría que la razón fuese el timón, si la pasión es el piloto"

Es cuestión de analizarlo y tomarlo, para nuestra propia interioridad y una vez hecho, colocarla en la praxis de cada asunto que debamos realizar. Pues contiene Simbología y Misterio. Tanto para lo Mundano; como para lo Espiritual.

Nos dice el maestro; que ésta es la parte de nuestra Masonería, que más ha sido víctima de las alteraciones, pues el espíritu de fraternidad y la conciencia del restablecimiento >>del Verbo Eternal<<, han estado muy lejos de ser aplicados en nuestras logias actuales, en tanto que la política particular de cada rito y sus expresiones exteriores, si son claramente evidenciadas.

Lo que no es observado igualmente con el simbolismo, siempre y cuando no se haya olvidado completamente la acepción esotérica de cada símbolo, que se nos presenta con más frecuencia. Y nos vemos hoy obligados a conformarnos con explicaciones cargadas de una trivialidad muy desconcertante. Y nos desconcertamos al observar como muchos de nuestros HH:. Pobremente preparados, pasan por la vida como simples "Quídams",. Entendiendo que el menor aprendiz debe distinguirse por su erudición, además de su espíritu luminoso y la manera de actuar en su propio círculo

Y más aún; cuando nos detenemos en una sola parte de la definición de la masonería que reza: "Obra cuyos miembros se esmeran en practicar todas las virtudes… ".Tenemos. Que asombrarnos al ver a un H:.M:. Beber, fumar y dejarse arrastrar por todas las pasiones y es difícil de entender , como muchos banquetes se transforman en verdaderas sesiones de glotonería y embriaguez!, lo que podríamos analizar más tarde, el significado de estos banquetes masónicos, que deberían celebrarse con el más elevado misticismo. Es posible que algunos de nosotros hayamos caído en esas miserias, pero si lo superamos, estamos en el camino correcto y eso, debe ser ejemplarizante para el resto de los QQ:.HH:. De todos los Orientes del Mundo.

Y…. dejando de un lado la conducta de los HH:.MM:. En lo cotidiano, para dar el ejemplo al mundo profano; pero si digamos algo sobre al menos lo mínimo siquiera de conocimiento para poder proclamar y demostrar además, la superioridad de un miembro de una sociedad iniciática. Siendo él personalmente "Un Símbolo Andante de esas virtudes inmanentes".
La Piedra Bruta; no puede ser nada más que un grueso guijarro, abandonado a la entrada del Templo, ni tampoco un Símbolo al cual solo se concede como a una ligera alusión, por lo que es necesario ¡TRABAJARLA! y esto corresponde tanto al Compañero; como al maestro, enseñar al aprendiz, comenzando por los símbolos más elementales, siempre arraigando nuestra tradición iniciática, sin que nos contentemos con conceptuar esa especie de representación teatral en nuestras logias. Que aunque son nuestras alegorías, no pueden estar por encima del resto de lo que debemos estudiar, aprender y practicar, para lograr convertir la ignorancia en conocimientos y estos con el tiempo en sabiduría.

"Si colocamos una piedra cualquiera en su estado natural en un sitio equis y al lado colocamos a una persona que ha sido iniciada en la masonería, prácticamente ambas serán iguales, desde el punto de vista: como elementos; para ser trabajados y desarrollarlos, siendo la primera para ser convertida en una piedra cúbica, mientras más pulida y limpia quede, después de ser trabajada; será entre otro grupo de piedras, que aunque sean de la misma especie; más aceptable y más bella y por supuesto, digna de ser admirada y vista como un ejemplo…Esto mismo sucede con un aprendiz, pues él llega a nuestras logias, prácticamente desnudo , desde el punto de vista espiritual, intelectual y filosófico, respecto a nuestros augustos misterios, y es allí donde comienza el trabajo de los compañeros y maestros, a darle esa pulitura y belleza interior, que lo irá convirtiendo y encaminando hacia la sabiduría, es un trabajo arduo, pero no imposible y con el tiempo se convertirá realmente en una piedra cúbica y , también será admirado y respetado y un vivo ejemplo, para los demás , que aunque sean sus hermanos naturales, no han sido iniciados y por lo tanto están en la profanidad..., Por lo que puedo concluir con este ejemplo, que un masón bien formado es igual que un diamante bien tallado. O una piedra hermosamente cúbica".

Los símbolos son en nuestras existencias, guardadores de muchas verdades, de muchas enseñanzas y nuestras tradiciones, así lo entienden y analizan sus lecciones, para ponerlas a la orden de nuestros Queridos Hermanos y la humanidad toda..

De esa misma manera, siempre han observado los tres puntos gráficos con los que nos reconocemos los masones, al firmar o colocar nuestros nombres en cualquier documento de mucha importancia o no, como una tradición y una simbología muy marcada:

Y lo primero que observamos desde nuestros aprendizajes es que; ellos son la real representación del compás abierto y la cabeza y las puntas del compás, siendo la primera, la que representa al Sol, que es sin dudas, la fuente de iluminación espiritual y dador de vida, siendo las otras dos, las dos polaridades que nos muestran al propio Universo y que todos, sin pertenecer a la Masonería, obsevan y realizan sus particulares conclusiones.

Además, pueden significar o se les puede dar esas connotaciones específicas; Expansión-Concentración y Estabilidad y además las tres personas que solo se hacen una en nuestro Dios y representan también las facultades que poseemos los humanos; La Razón, la Memoria y la Voluntad o fuerza...Materia y movimiento o también la Acción, la resistencia y El Trabajo, siendo a su vez el activo , el pasivo y el intermediario , en el propio plano de nuestro pensamiento y de la acción y es una cosa que muchas veces o la mayoría de las veces, por aparentemente carecer de importancia ante los ojos de los profanos... El Triángulo, que conforman, dejando perfectamente claro que: El Trinósofo, pertenece a la prerrogativa del Rito Francés.

"Nuestro querido hermano La Ferriere" nos indica con claridad que: El primer lado del triángulo, para el Aprendiz, representa el Reino Mineral, cuyo (Símbolo Tub:.) El segundo lado pertenece al Compañero y es la representación del Reino Vegetal (Simb Sch;.) y el tercer lado para el Maestro, es el Reino Animal (Simb M:.B:.) ."; "Sería obvio comentar el Reino Mineral que corresponde al primer grado, cuando todavía se es una piedra, en el segundo grado, la generación de los cuerpos se distingue muy bien de la letra "G" correspondiente a la Estrella Flamígera, aparece la vegetación y en el Tercer grado,> el Maestro viene a animarlo todo<...

Esta evolución mantiene una estrecha relación con un antiguo axioma del ocultismo: "Saber-Querer-Osar-Callar."; Y como las tres caras de una pirámide, reposan sobre una base común, este axioma, reposa igual: Y, para entender un poco mejor estas axiomáticas expresiones...Les diré que: La palabra Saber, le corresponde al Aprendiz, con sus pruebas Físicas, la palabra Querer, le corresponde al Compañero, con sus pruebas Morales y la palabra Osar, le corresponde al Maestro, con sus pruebas Intelectuales., teniendo las tres un deber común...¡¡Callar...!!
Entonces es necesario entender que la simbología, muchas veces depende de cada uno de nosotros, cuando se trata de asuntos relacionados con los principios de la vida o con el supuesto fin de la misma; pero también es aplicable a las palabras, pensamientos y obras, que mediante algunas manifestaciones compartidas, se logran analizar, descubrir y formalizar. Es más...Lo más común, según creo es la connotación que se les da de: Padre, Hijo y Espíritu santo.

Yo, he aprendido un poco nada más, sobre este asunto tan profundo y engorroso como lo es lo referente a la simbología y es que esta no tiene, según se puede apreciar , un determinado y determinante principio; como tampoco un determinado, ni determinante fin... Es entonces que lo que he aprendido es a analizar con sumo cuidado , lo que nos enseñan nuestros maestros masones y lo que en otros niveles ,menos masónicos, vemos enmarcados en la cotidianidad. Pues todo en nuestras vidas , está colmado y representado por la simbología; y lo que ocurre es simplemente que nosotros todo lo vemos desde otros puntos de vista, lo que no es para nada reprochable, pues son nuestros usos y costumbres. Y en ellos y con ellos , hemos vivido toda la vida.
Observando un determinado signo o gráfico, uno puede llegar a pequeñas o aceptables conclusiones, sobre lo que estos representan, solo que si lo ha de demostrar, tendrá que ser muy específico y cuidadoso al hacerlo; para no caer en cuestiones que puedan conllevar, dificultades, para el resto de las personas.

Y he entendido que todo lo que puede verse, palparse y hasta intuirse, no nos pertenece de ninguna manera, a menos que lo tengamos en nuestro poder y lo convirtamos en algo así como: Un amuleto o una Compañía que no nos abandonará nunca.. Lo que no dejará de ser bajo ningún otro concepto; Una determinada y simbólica cosa que se ha empoderado de mí; como yo de ella, bajo una respuesta simbológica que me ayuda a vivir, creer y continuar.

En nuestros augustos misterios, disfrutamos de muchos símbolos, los que nos han acompañado desde la lejana antigüedad y estos los hemos venido estudiando, practicando y desarrollando en nuestros propios com-portamientos, razonamientos y evoluciones , tanto Esotéricas; como Ex-otéricas, y a medida que hemos ido evolucionando en su compañía, los hemos ido valorizando y colocando valorativamente en nuestras masóni-cas conciencias y en nuestras particulares profanidades.

Hay mucha sabiduría en cada símbolo que logramos descifrar y eso no se puede llevar de la mano como una mercancía cualquiera, pues son en-teramente manejables por todos los seres humanos, con sus excepciones muy particulares y que no vale la pena mencionarlas en este trabajo.

Por lo menos hablar sobre la rueda Pitagórica y su paradigma, el cual es adaptable a todas las lenguas conocidas, pues abre un tremendo horizonte al vasto ocultismo. Solamente que por lo engorroso de ella , solo me limitaré a citar; como lo hiciera el maestro La Ferriere, solo los elementos de estudio, sin adentrarme, que por lo demás, reconozco todas sus aplicaciones, y no haberme dedicado en el dominio de las mis-mas..."Por ahora".

Entonces debemos entender que nada , absolutamente nada, ha sido hecho al azar y las construcciones de los Templos auténticos en el mundo físico y material, exigen tener   conocimientos distintos a los de la Arqui-tectura.

Un lugar donde se deben reunir los hombres, para elevarse a ciertas condiciones muy especiales, no debe ser cualquiera, pues se requiere de un magnetismo verdaderamente confiable y estudiado. Y como para analizar tales ordenes de vibraciones se debe apelar a razones neta-mente Psíquicas, ocultas y espirituales, se   hace necesario alcanzar los dones tradicionales que reposan sobre las realidades místicas e Iniciáti-cas. (Fuera la Piratería y los engaños).

Con la finalidad de que a través del estilo y de los símbolos, se puedan reflejar tanto las ideas; como las fuerzas de la sabiduría antigua, transmi-tiendo así, sus lecciones a las generaciones del porvenir, por intermedio de: La Línea, de la Forma y Del Número..

Y es que según leo y aprendo del maestro La Ferriere, Existe >El Ar-queométro<, que no es más que el instrumento de evocación del pasado, necesario para la construcción en el presente, como medio de síntesis y de regeneración de toda la intelectualidad en el futuro".

Es así que el Maestro, nos indica en su" Libro Negro de la Masonería"

Sobre la Simbología y otras cuestiones, lo siguiente:

"Es bien sabido que la verdadera iniciación, no se transmite sino de boca a oído, sin embargo existe un instrumento de precisión especial, que restituye a la vida experimental la revelación Universal.

Y este sistema tiene un nombre: La Arqueometría, que es verdaderamente, la ciencia más elevada, pues esta nos permite abordar cualquier género de problemas, con datos que se encumbran nuevamente hasta la sabiduría verdadera y que nos ofrece realmente, hasta la posibilidad misma de rectificaciones tan frecuentemente necesarias en la historia de la educación de los hombres.

Todo nuestro pretendido período de progreso, no es más que un atroz punto negro en el conjunto de las edades, es una afrenta a la sabiduría, que todo nuestro período moderno en que los estudios más sabios, son simples preliminares, apenas puede servir de base a una mínima legislación universal., pues la imitación sucesiva de tonterías paganas ha desfigurado la educación, hasta llegar a lo antisocial, y desde la escuela primaria hasta los que se apellidan altos estudios, reportan verdaderamente una graduación tan insignificante, y por esta razón observamos donde quiera una misma mentalidad banal...Solo la educación difiere un poco en los hogares donde nace un principio espiritual. Pero si se trata de instrucción religiosa, entonces se restringe para todos a la pura catequización, Consecuentemente es necesario recurrir a las Sociedades ocultas, a los centros esotéricos, para encontrar personas mejor preparadas, aunque a menudo, estas se extravían en una hojarasca de teorías Pseudoiniciaticas. Pitágoras que había tenido como Maestros al profeta Oshi (En Sais) , a Hon-Ophi (En Heliópolis), a Nazareth (En Babilonia) , a Gheber-Zharathosh (En Persia) , y en Nepal al primer Pandit del Colegio Sagrado de Brahma, sabía ocultar el saber iniciático en sus enseñanzas corrientes, sin embargo para quien sabe comprender, él esclarece verdades patriarcales, porque es un piadoso peregrino >de la Universidad Eternal< y su revelación se hace muy clara, cuando dice: "La Razón humana no tiene para sí misma, sino un mero valor de conjetura, la ciencia y la sabiduría, pertenecen a la Divinidad y únicamente podemos tener conocimiento de ellas de acuerdo a nuestro grado de receptividad" Y En sus versos dorados dijo: "Rendid legal homenaje a los Dioses de las naciones y guardad juramento a su legítimo Dios"

La Rueda de Pitágoras, es una de esas Simbologías Pitagóricas, que según dicen los que la han utilizado, para sus beneficios, les ha dado buenos resultados, como le sucedió a un hombre que llegó a ser presidente de Francia, cuyo nombre es Feliz Fauré. Que con mucho trabajo y tesón, pudo lograr tal importantísimo cargo. Ella no se aparta mucho de la simbología, pues utiliza tanto letras; como la numerología, para su aplicación y se puede d Según el gráfico, con las letras de su nombre y su apellido, logró conseguir el número exacto sin temor a equivocarnos que es algo muy cabalístico. Siendo este el número el que lo llevaría a la suma total de 92; pero como los Arcanos son 22, optó por sumar el 9más el 2 =11 y ese número de su arcano, fue clave para el logro de su objetivo, como presidente de Francia. Este es un ejemplo de lo que pueden hacer las simbologías.

 Asimismo puedo nombrar como parte importante de la simbología. Volviendo al capítulo anterior, para mencionar los cuatro elementos en hebreo: Nar, trab, hasui, ma, los cuales se refieren a las cuatro palabras Saber, Querer, Osar, Callar, del célebre axioma, simbolizado por los cuatro signos fijos de Zodíaco: El Aguador, El Toro, El León y El Escorpión, los cuales representan los puntos importantes, pues ellos marcan la posición de las cuatro estrellas regias: Aldebarán (Ojo del Toro) , Régulos (Corazón del León), Antares (Corazón del Escorpión) y Fomalhaut (boca del pez Austral).

 Pero el simbolismo va más lejos, el gran monumento Esotérico de la meseta de Gizeh, no es en manera alguna una arquitectura cualquiera. Esta esfinge es una combinación de las iniciaciones egipcias. Razón por la cual posee una cabeza humana (El Aguador), un cuerpo de Toro, patas y cola de León. Este animal fabuloso, tiene alas además, para representar la transmutación del Escorpión en Águila.

 Estas cuatro grandes constelaciones, representadas en la Esfinge, dejan en claro todo el valor de la síntesis Simbólica Expresadas de esta manera: ACUADOR (Ciencia-Filosofía), AIRE. (Nar), SABER (La Verdad del misterio).
TORO (Paciencia), TIERRA (Trab), (Hasuí), OSAR (En Razón de la fe)
ESCORPION (Transmutación), AGUA (Ma), CALLAR (Sobre la realidad del dogma).

 Todas estas tablas y cosas relacionadas con la numerología y otras cuestiones de orden esotérico y cabalístico, que nos llevan directamente a la nada agotable Simbología, se pueden encontrar en muchos escritos sobre la materia y siempre lo encontraremos fascinantes, por sus misterios y sus significados. Es cuestión de simplemente hurgar en Internet y aparecerán; como por arte de magia o en otros tratados. Probémoslo en cualquier momento y no nos arrepentiremos de haberlo hecho.>Palabra de Masón<.

Nota especial sobre Bolívar como masón

Nota Especial Sobre Bolívar como Masón; para dar paso a la Masonería en Venezuela, opiniones varias y su origen.

Ha sido demostrado a través de muchos escritos y otras maneras probatorias, sobre todo dentro de la buena fe: Que nuestro Libertador, fue iniciado en la masonería, siendo muy joven y de acuerdo a un escrito de Bolívar, sobre la Masonería; "A propósito de haberse hecho iniciar por mera curiosidad; para enterarse de que se trataban aquellos misterios y menciona que en París había sido recibido como Maestro: "Pero que aquel grado le había bastado para entender lo ridículo de aquella Antigua Asociación: Que en la Logia había hallado algunos hombres de mérito, bastantes fanáticos y muchos embusteros y mucho más tontos burlados: Que todos los masones, parecen a unos grandes niños, jugando con señas, morisquetas, palabras hebraicas, cintas y cordones; y que sin embargo la política y los intrigantes, pueden sacar algún partido de aquella sociedad secreta.

"Pero que en ese estado de civilización de Colombia, de Fanatismo y de preocupaciones religiosos en que están sus pueblos, no era político, valerse de la masonería, porque para hacerse algunos partidarios en las Logias, se hubiera atraído el odio y la censura de toda la Nación, movida entonces contra él, por el clero y los frailes., que se hubieran valido de aquel pretexto; que por lo mismo, poco podía hacerle ganar la masonería, y hacerle perder mucho en la opinión."

Esto lo expresó en su diario de Bucaramanga el 11 de Mayo de 1828 (E.V) El Libertador y lo recogió tal cual, su médico de cabecera Luís Perú de La Croix.

Sin embargo, según leí en una Revista Editada por "la Gran Comisión de la Revista MEDIODÍA, de la 3ra,EPOCA- ORIENTE DE CARACAS-AÑO 1-No. 3, de Fecha Octubre de 1982, Y que es La Publicación Oficial de la Logia de la República de Venezuela.".

Para corroborar en parte lo que dijera Simón Bolívar, en aquella oportunidad: El escritor Venezolano Ramón Díaz Sánchez, muy conocido por su obra CUMBOTO, en un viaje que hiciera a Paris, hizo un descubrimiento de gran valor para la historia de S.B. Un documento original que prueba que el Libertador, si ingresó en la masonería, antes de que él mismo lo declarara en el diario de Bucaramanga.

Este documento explica, mediante su comprobada originalidad, que en ese acto se le concedió el grado de Compañero, pues con anterioridad en tiempo muy cercano, se le había dado el grado de Aprendiz, y como debía emprender un viaje con urgencia, puede entenderse que el primer grado se le había dado en la misma ciudad de París;

Y al no haber podido   realizar dicho viaje, como lo tenía planeado, entre otras razones, quizás porque no le llegaron a tiempo las remesas de dinero que aguardaba, emprendiendo el retorno el año siguiente, meses después , pudo haber recibido el grado de Maestro; como lo menciona en el diario de Bucaramanga.

Este documento se lo compró al Editor M.Sorliot, director de Nouvelles Editions Latines, , el cual tradujo y editó el libro Cumboto al idioma Francés, y era muy amigo de Ramón Díaz Sánchez. El mismo se trataba de una hoja de un libro de Actas; la hoja No. 15. En la cual se advierte que fue cortada del volumen, aprovechándola , solo en la mitad de arriba abajo, pero en esa mitad, consta completa el Acta, al final de la cual puede verse dos de las firmas que aparecen el en adverso. Conociéndose este documento como el primero aparecido en la historia y probatorio del ingreso de Simón Bolívar en la masonería, siendo esta su importancia trascendental, pues ha sido algo que se había puesto en dudas y que mantiene una gran importancia en la formación   mental y espiritual del Libertador.

El Generalísimo Francisco de Miranda: Un masón muy íntegro y fundador de Logias.

Sebastián Francisco de Miranda y Rodríguez (Caracas, 28 de marzo de 1750 –San Fernando, Cádiz, 14 de julio de 1816) conocido como Francisco de Miranda, fue un político, militar, diplomático, escritor, humanista e ideólogo venezolano, considerado« El Precursor de la Emancipación Americana» contra el Imperio español. Conocido como «El Primer Venezolano Universal» y «El Americano más Universal» , fue partícipe de la Independencia de los Estados Unidos, de la Revolución Francesa y posteriormente de la Independencia de Venezuela, siendo líder del «Bando Patriota» y gobernante de la Primera República de Venezuela durante esta última, en calidad de Dictador Plenipotenciario y Jefe Supremo de los Estados de Venezuela.1

Viajó durante gran parte de su vida participando en conflictos armados al servicio de diversos países, entre los que destacan tres guerras a favor de la democracia: la Independencia de los Estados Unidos, la Revolución francesa, acontecimiento del que fue protagonista destacado, por lo que le fue otorgado el título de Héroe de la Revolución, y las Guerras de Independencia Hispanoamericana.

Destacó en la política como un firme defensor de la independencia y la soberanía de las naciones a nivel internacional. Militó en el grupo político moderado conocido como Girondino en Francia, fue firmante del Acta de la Declaración de Independencia de Venezuela, impulsor y líder de la Sociedad Patriótica así como también fue el creador del proyecto geopolítico conocido como Gran Colombia, que Simón Bolívar, trataría de llevar a cabo, tras la liberación de Colombia, Ecuador y Venezuela, en 1826 aspirando unificarlos en una sola nación.

Militar prodigioso, formó parte de las filas del Ejército Español y del Ejército Francés, alcanzando los rangos de Coronel y Mariscal respectivamente, además detentó el rango de Coronel en el Ejército Ruso, concedido por Catalina II la Grande y fue el primer Comandante en Jefe de los Ejércitos Venezolanos, ostentando el título de «Generalísimo». Su carrera militar contempla su participación en cuatro guerras, las Guerras Coloniales en Marruecos, la Guerra de Independencia Estadounidense, las Guerras Revolucionarias Francesas y la Guerra de Independencia de Venezuela, incluyéndose brillantes hazañas militares, como su desempeño en el sitio de Melilla, su victoria en la plaza de Pensacola (Florida Occidental) y su ofensiva en la batalla de Valmy. De esta forma, Miranda fue combatiente destacado en tres continentes: África, América y Europa.2

A pesar de haber formado parte de tantos procesos revolucionarios y gubernamentales a nivel internacional, fracasó a la hora de poner en práctica sus proyectos en su propio país, Venezuela. No obstante; su ideal político perduró en el tiempo y sirvió de base para la fundación de la Gran Colombia, mientras que sus ideas independentistas influyeron en destacados líderes de la «Emancipación Americana» como Simón Bolívar y Bernardo O'Higgins.3

Su nombre está grabado en el Arco del Triunfo de París. Su retrato forma parte de la «Galería de los Personajes en el Palacio de Versalles»;
su estatua se encuentra frente a la del general Kellerman en el Camp.

El origen de la Masonería Venezolana

I

Los orígenes de la Masonería Venezolana se encuentran, casi simultáneamente, en La Guaira, en 1797, con la llegada de cuatro masones españoles, de tendencia liberal, que incorporan a varios venezolanos a la actividad masónica, y en Londres, en 1798, con el establecimiento de la Gran Reunión Americana, fundada por el Precursor de la Independencia Venezolana: Don Francisco de Miranda, a través de la cual —y de las Logias Lautarinas que fueron sus sucursales—, muchos venezolanos se incorporaron a la actividad masónica. Más tarde, entre 1811 y 1818, nacen las primeras Logias en Cumaná, Carúpano y Angostura — que más tarde, en 1846, se llamó Ciudad Bolívar— y donde se encuentran las primeras actividades concertadas en torno a los principios libertarios y humanistas de la Masonería. Sin embargo, avanzan los estudios respecto de que las primeras Logias habrían funcionado en la Isla Margarita desde 1807, sin que hasta la fecha se haya podido confirmar la valiosa documentación disponible.

Desde entonces, la Masonería Venezolana juega un papel de primera importancia en la vida nacional, marcada por una lucha continua por las ideas emancipadoras, por un esfuerzo sostenido en pro de la independencia y por sostener el régimen republicano, permanentemente amenazado.

"Una nota muy especial: La sintetiza un pequeño >Perfil Masónico< de Don Francisco de Miranda, donde muchísimos historiadores están completamente de acuerdo en que el padre espiritual de la libertad y de la independencia Hispanoamericana, fue el Francmasón: Venezolano General Francisco de Miranda Rodriguewz, nacido en Caracas el 28 de Marzo de 1750, del hogar formado por el Capitán de Marina, Canario Don Sebastián de Miranda y Pardo y doña Francisca Antonia Rodriguez Espinoza, Miranda I estuvo preso en una cárcel de las Cuatro Torres del presidio de la Carraca en Cáliz y pasó al O∴E∴. Como un particular corriente y Reo del Estado el Día 14 del mes de Julio de 1816. (e.v)."

>Los grandes inspiradores<

Los grandes inspiradores y actores de la emancipación venezolana fueron Masones: Bolívar, Miranda, Bello, Simón Rodríguez y Sucre y todos los que, luego, participan en la dirección de la Venezuela Republicana son, también, miembros de la Masonería: Páez, Vargas, Soublette, José Tadeo y José Gregorio Monagas, Julián Castro, Manuel Felipe Tovar y Tovar, Falcón, Guzmán

Blanco, Linares Alcántara, Crespo, Andueza Palacio e Ignacio Andrade. Y otros.

De 15 Presidentes que tuvo Venezuela en el siglo pasado, 13 pertenecieron a la Masonería. Las dictaduras que durante el presente siglo afectaron gravemente a Venezuela, ejercieron una constante perturbación de la Masonería, lo que explica que en el presente siglo solo figura un Presidente de la República como miembro de la Institución, el ilustre y notable venezolano, Raúl Leoni Otero.

>Presión y penetración indebidas<

El autoritarismo político, las cúpulas políticas acomodaticias y el personalismo exacerbado habían encontrado un severo escollo en la Masonería. Sus principios, eminentemente éticos y solidarios, resultaban incómodos a quienes manejaban sin pulcritud la cosa pública y a quienes, en un clima de escaso rigor moral, dañaban gravemente los principios democráticos.

La presión y la indebida penetración ejercida, a comienzos de siglo y durante muchas décadas, en contra de la Masonería y, desde luego, en contra de sus hombres más distinguidos, terminaron por replegar la actividad masónica. La Institución tampoco supo mantener la vigilancia necesaria.

Los renovados y persistentes esfuerzos de este tiempo han permitido vigorizar el pensamiento y la acción masónica para responder no solo a las exigencias espirituales de sus miembros, sino a las necesidades de una sociedad que ha visto decrecer sus valores.

Hoy solo cabe avanzar con plena libertad, para el ejercicio plural de todas las creencias, y para que la justicie social impida una economía individualista que ya margina a gran parte de la sociedad.

>Masones en el Panteón Nacional<

Como testimonio de la entrega masónica a la vida nacional, los restos de 38 masones se encuentran hoy en el Panteón Nacional, el templo en el cual el país ha querido inmortalizar a sus más importantes servidores: Lisandro Alvarado, Raimundo Andueza Palacio, Francisco Aranda, Juan Bautista Arismendi, Francisco de Paula Avendaño, Andrés Bello (cenotafio), José Francisco Bermúdez, Andrés Eloy Blanco, Rufino Blanco Fombona, José Félix Blanco, Simón Bolívar, Luis Brion, Manuel Ezequiel Bruzual, Juan José Conde,

Lino de Clemente, Manuel María Echeandía, Juan Crisóstomo Falcón, Antonio Leocadio Guzmán, Tomás Lander, Francisco Linares Alcántara, Mariño, Francisco de Miranda (cenotafio), José Gregorio y José Tadeo Monagas, Juan de Dios Monzón, Daniel Florencio O'Leary, José Antonio Páez, Juan Antonio Pérez Bonalde, Judas Tadeo Piñango, Luis Razetti, Simón Rodríguez, José Tomás Sanabria, José Laurencio Silva, Carlos Soublette, Antonio José de Sucre (cenotafio), Diego Bautista Urbaneja y José María Vargas. Y Guzmán Blanco.

Faltan que se cumplan los decretos Presidenciales de 1875 y 1899 de repatriar y trasladar al Panteón Nacional al Presidente de Venezuela Manuel Felipe Tovar y Tovar, cuyos restos se encuentran en el cementerio de Epinay de París, y quien fuese un gran servidor de Venezuela y distinguido miembro de la Masonería. La Masonería Venezolana trabaja actualmente en un programa de sostenido perfeccionamiento ético y espiritual y Moral de sus miembros y en un cuidadoso crecimiento que le permita enfrentar con éxito la incertidumbre y los desafíos del Siglo XXI. Para retomar ese camino hacia la perfección del hombre y su conversión en mejores ciudadanos, de una manera mucho más contundente y con más sabiduría.

>La Gran Logia de Venezuela<

La Masonería Venezolana fue fundada el 24 de junio de 1824. Dos meses antes, el 21 de abril, en presencia del Comisionado Especial, Joseph Cerneau, calificado joyero e intelectual francés, de 61 años, se dieron los primeros pasos de la instalación, en Caracas, de uno de los centros masónicos más importantes de ese tiempo. Su primer Gran Maestro fue uno de los fundadores de la República, el distinguido abogado, de 42 años, Diego Bautista Urbaneja Sturdy.

Hijo de Barcelona, pertenecía a una de las familias de más antigua y respetable figuración en el oriente del país. Como Vice-Presidente de la República, Presidente de la Corte Suprema de Justicia, Ministro o comisionado de Bolívar, el Gran Maestro Urbaneja, siempre fue considerado como "probo, leal, patriota, siempre modelo de civismo". Como Grandes Dignatarios de la Gran Logia figura, junto al Gran Maestro Urbaneja, un grupo esclarecido de la legión civil del ciclo libertario de Venezuela: José Cordero, Manuel López de Umérez, José R. Martín, Andrés Narvarte, José María Pelgrón, Fernando Peñalver y José María Lovera Y otros honorables Hermanos.

Desde entonces, a la Gran Logia le correspondió coordinar, en 1824, a las 18 Logias bajo su dependencia, no solo como organizaciones valerosas, sino de reflexión y fomento de los ideales humanitarios que estimulaban el pensamiento de avanzada. No hay que olvidar que en los trece años de sacrificios que costó la independencia venezolana hasta 1823, se había perdido el 30% de su población. Todavía en 1829 había brotes realistas.

Cuando en 1830 Venezuela se separa de la Gran Colombia, la Gran Logia cayó en sueño a consecuencia de los compromisos contraídos por sus miembros con la estructuración de la naciente vida republicana. Hasta que el 9 de septiembre de 1838, bajo el mismo Gran Maestro Urbaneja. La Gran Logia acuerda reactivarse y proseguir su obra bienhechora, la que cumple, sin otra interrupción, hasta la fecha. Los masones jugaron un papel decisivo en la gesta emancipadora y en el desarrollo republicano del país.

Ahora una nueva y vigorosa generación está empeñada en la defensa de los valores morales quebrantados y en el desarrollo de nuevas tareas culturales y espirituales que permitan, junto a su perfeccionamiento personal, una sociedad más justa, tolerante y solidaria, que garantice el trabajo, la educación, la salud y la dignidad del hombre, sin gestos de conmiseración, bajo el imperio de la democracia. Entre 1824 y 1998, la Gran Logia ha tenido 60 Grandes Maestros en 67 períodos constitucionales y sus 126 Logias se han extendido a través de todo el país como centros creados para servir y complementar al hombre y trabajar por el advenimiento de una sociedad más justa y solidaria en los años que vienen.

La Gran Logia de Venezuela celebra cuatro asambleas anuales, una reunión anual de Venerables Maestros (presidentes de cada Logia) y una reunión anual en cada una de las 7 zonas geográficas en que ha dividido administrativamente su jurisdicción. La Gran Logia de Venezuela pertenece a la Confederación Masónica Interamericana (CMI) y a la Confederación Masónica Bolivariana (Bolivia, Colombia, Ecuador, Panamá, Perú y Venezuela) y tiene relaciones y representantes en todas las Grandes Logias del mundo.

El 31 de julio de 1899, el presidente Ignacio Andrade emitió el decreto por el cual los restos del General Antonio Guzmán Blanco, debían ser trasladados a Caracas desde París, para que tuvieran eterno descanso en unas de las tantas obras que había sembrado en el país, pero esto no sucedió. Más tarde el General Manuel Antonio Matos, yerno de Guzmán, quiso traerlo pero fue absorbido por la Revolución Libertadora en contra de Cipriano Castro. Durante sus 27 años de mandato, Juan Vicente Gómez ignoró el asunto, al igual que Eleazar López Contreras. Este último, según cuenta la historia, no quiso gestionar la repatriación porque comparó el gobierno de Guzmán Blanco y el de Gómez y determinó que ambos habían sido igual de dictadores.

Los presidentes Carlos Andrés Pérez, Luis Herrera Campins y Jaime Lusinchi estuvieron dispuestos a llevar a cabo la misión. Algunos aseguran que Campíns estuvo a punto de hacerlo, pero en la historia de los restos de Guzmán Blanco abundan las anécdotas. En 1981, por ejemplo, El Nacional publicó la noticia según la cual el Concejo Municipal del Distrito Federal había aprobado un decreto en el que se disponía el traslado de los restos del expresidente venezolano, de París a Caracas. En julio de 1985, otra noticia alarmaba a la opinión pública venezolana, al parecer los restos de Guzmán Blanco estaban a punto de ser enviados a una fosa común.

En 1999 se iniciaron las gestiones para exhumar los restos de Guzmán Blanco a cargo de la Cancillería venezolana, al mando del Ministro de Relaciones Exteriores José Vicente Rangel y el Embajador de Venezuela en Francia, Hiram Gaviria en concordancia con las órdenes del entonces presidente, Hugo Chávez Frías. El embajador Gaviria, informó vía telefónica que una vez abierta la tumba constataron que el cuerpo del Ilustre Americano se encontraba intacto y que lo más impresionante es que aún conservaba su característica barba.

Sus restos arribaron el 7 de agosto de 1999 a Venezuela, procedentes de Francia, tras cumplirse 100 años de su muerte el 28 de julio. El féretro viajó en vuelo comercial desde París y llegó al Aeropuerto Internacional de Maiquetía a primera hora de la tarde, donde se le rindieron honores militares. El féretro con los sagrados restos del "Protector de la Masonería Venezolana" fueron trasladados al Salón Elíptico de la hoy Asamblea Nacional en donde se realizaron las honras fúnebres masónicas, a cargo del ex Gran Maestro de la Gran Logia de la República de Venezuela, GD (R) Víctor José Higuera Castellano, un gran Venezolano al igual que insigne poeta.
Acudieron los ministros de Relaciones Exteriores, José Vicente Rangel; de Defensa, Raúl Salazar; de Educación, Héctor Navarro y el Gobernador del Distrito Federal, Hernán Gruber Odremán. El Historiador José Ramón Castellanos tuvo a su cargo elaborar y efectuar el discurso de orden. Los cadetes de las diferentes escuelas de formación de oficiales de las Fuerzas Armadas de Venezuela permanecieron en guardia de honor durante todo este día, mientras los restos de Antonio Guzmán Blanco se mantuvieron en capilla ardiente.

La ceremonia oficial se inició con una ofrenda floral que el jefe de Estado, la cual depositó ante el sarcófago de Simón Bolívar, acompañado de los ministro de Interior, Ignacio Arcaya; ministro de Relaciones Exteriores, José Vicente Rangel; ministro de Defensa, General de División Raúl Salazar Rodríguez, ministro de Educación Héctor Navarro; el ministro de Secretaría de la Presidencia, General de División Lucas Rincón Romero y del Gobernador del Distrito Federal, Hernán Gruber Odremán.

En los actos de inhumación, el primer mandatario nacional compartió el presídium con el Presidente de la Asamblea Nacional Constituyente, Luis Miquelena; el de la Cámara de Diputados, Henrique Capriles Radonski, así como descendientes de Antonio Guzmán Blanco.

El orador de orden fue el Doctor Federico Brito Figueroa Rector de la Universidad Experimental Rómulo Gallegos, y los restos del General Antonio Guzmán Blanco fueron inhumados a las 1:20 PM. Del 8 de agosto de 1999. La unión debe salvarnos como nos destruirá la división si llega a introducirse entre nosotros."………………………… ">>Q:..H.;. "Simón Bolívar El Libertador<<."

II

>>Otra opinión sobre la historia de la Masonería en Venezuela, De parte del historiador Nicolás Eugenio Navarro, "Desde el Punto de Vista de la Iglesia Católica Venezolana", <<

"Masonería en Venezuela, más allá del mito: Antonio José Sucre" (Clérigo)
Por: Nicolás Eugenio Navarro.
Historiador Eclesiástico.

Mucho se ha escrito de la masonería y del presunto poder milenario de sus miembros. Estos afirman haber sido perseguidos por la Iglesia Católica, el franquismo, el comunismo, el fascismo y hasta el nazismo. ¿Por qué y hasta qué punto? ¿Dónde comienza la verdad y dónde termina la propaganda? ¿Cuál es el verdadero secreto de los masones? Es nuestra tarea hacer revisionismo histórico y desmontar mitos. Este artículo analiza, desde una perspectiva católica, los grandes mitos de la masonería, debido a que han sido ellos algunos de los más férreos críticos del culto. No todo lo que se dice a favor y en contra de la masonería es verdad. Es nuestra tarea ser críticos y analizar con objetividad. Sobre todo en Venezuela.

"Templo Masónico de Caracas. Salón de banquetes, con las columnas al fondo. Fotografía tomada por Felipe Toro en 1950".

Ser parte del club de los masones es algo que podría abrir muchas puertas en la política y el mundo de los negocios. Por lo menos, esa es la teoría de algunos historiadores como Daniel Lahoud. De todas formas, ello no es exclusivo de los masones. Esto sucede con cualquier club: la membresía a un grupo determinado, especialmente si este es exclusivo, permite hacer contactos clave: un factor que a veces puede ser decisivo para alcanzar el éxito. Los sociólogos y politólogos lo llaman "capital social". Toda membresía a un grupo es un símbolo de estatus y los seres humanos valoramos el prestigio. Y es que, al revisar los documentos sobre la masonería, el principal gancho parece haber sido ese:" acceder a cargos gubernamentales y obtener empleo".

Los masones, más que glorificados, han sido prácticamente deificados y divinizados en América - y por supuesto, como no, satanizados también. Muchas veces sin suficiente fundamento-. A los masones se les relaciona con el urbanismo de Washington DC, el santo grial, la hegemonía del dólar estadounidense, el Código Pigpen, la fundación de los Estados Unidos de América y la misma Revolución Francesa, la cual asumió un lema de raíces masónicas -pero transformó su filiación, entre otras cosas-.

Francisco de Miranda (el primer estadounidense extranjero en los Estados Unidos), George Washington, Simón Bolívar, José Antonio Páez, James Monroe y muchos otros personajes americanos, han sido asociados con la masonería. El discurso histórico y mediático nos ha vendido que los masones han estado prácticamente detrás de todo lo que sucede.

En el caso específico de América Latina, todavía se está investigando la historia de la masonería en la región y los resultados, hasta ahora, no han sido concluyentes. Desde México hasta la Argentina, los historiadores están en la búsqueda de la verdad, más allá de las leyendas y la publicidad. Por alrededor de dos siglos, se ha difundido la siguiente matriz de opinión: "Simón Bolívar era masón". A raíz de la publicación del libro El Fantasma de Bolívar en la Masonería Venezolana, del venezolano Eloy Reverón, ha surgido una nueva ola de investigadores que exigen mayor rigurosidad académica y revisionismo histórico.

"El Fantasma de Bolívar masón es el mito del héroe similar al caballero andante que salía en busca de aventuras y se enfrentaba a feroces dragones en defensa de la doncella", dice el historiador venezolano Andrés Eloy Reverón García, fundador de la cátedra de Historia de la Masonería en la Universidad Central de Venezuela. El contacto de Bolívar con la masonería pudo haber sido mucho más corto y efímero de lo que pensamos: unas vacaciones en París que no duraron más de seis meses en el año 1805. Y eso ni siquiera está confirmado: es una teoría que todavía debe ser revisada.

La masonería en América Latina ha vendido a Bolívar como uno de sus miembros históricos más notables. Historiadores como Eloy Reverón sugieren que esto pudo haber tenido fines propagandísticos: nadie mejor que Bolívar, el héroe creado y mitificado por la historiografía oficial venezolana, para representar los intereses de la comunidad de los Masones en Venezuela, aun cuando la relación de Bolívar con la masonería pudo haber sido, en realidad, algo meramente circunstancial y esporádico.

Luego de una revisión minuciosa de diversos archivos históricos sobre Bolívar, se determinó que no existen evidencias contundentes que demuestren que Bolívar consideraba a la masonería parte de su identidad y proyecto de vida.

Tampoco existen pruebas que vinculen a Miranda, Sucre y Rodríguez con la masonería. De hecho, es curioso que no fuera sino hasta el siglo XX que la opinión pública venezolana comenzó a asumir que los próceres de la independencia habían sido masones. La masonería terminó siendo no solo un factor de la independencia de Venezuela, sino además una de sus causas. Aun cuando la sociedad de masones en Venezuela señaló en 1950 que Miranda había sido el fundador de la primera logia masónica y el padre de dicha institución, Constantino Moradei Donato afirma (1978):

"Según algunos, Miranda es el fundador de la primera logia en Venezuela, pero Mons. Navarro niega aun eso. De hecho, las reuniones habidas a orillas del Guaire en la estancia de Bolívar, no fueron tenidas masónicas, sino reuniones secretas de carácter político".

"Tanto Tavera Acosta como Parra Pérez sostienen que la primera logia fundada en Venezuela fue en Carúpano por Carlos McTuckers".

Por lo demás, si en otras naciones como en Argentina, las logias influyeron mucho en la Independencia, hay que decir que en Venezuela no tuvieron Influencia directa en la Declaración de la Independencia como sostienen Mons. Navarro y el mismo Parra Pérez.

En realidad, en los días de la Emancipación no se oye una voz de la Masonería, y de ninguno de nuestros grandes próceres puede decirse que fuera masón. Ni siquiera de Miranda puede eso sostenerse con seguridad. — "Obispo Constantino Moradei Donato, Venezuela," su iglesia y sus gobiernos.

La divinificación de la masonería ha hecho que, para los jóvenes ambiciosos y talentosos, hacer carrera en una logia sea una opción muy atractiva. Lo glorioso, lo divino, lo pomposo y lo maravilloso tenía que ser relacionado a la masonería. Y después de todo, debe admitirse que el trabajo ha dado sus buenos frutos: hoy en día, los masones tienen la reputación de ser exitosos, talentosos y muy aventajados. La llave del conocimiento está en manos de la francmasonería y los grandes secretos de la humanidad. ¿Pero cuáles son estos secretos? Para Antonio José Sucre (Clérigo), todo el hermetismo de los masones se resume en un solo y gran secreto. "Yo creo en el hombre" es, según Sucre, el gran secreto de la masonería. (Claro que este no es el prócer de nuestra independencia es un cura). "Y tengo entendido que si es perteneciente a su árbol genealógico".

"El único secreto fundamental de la Masonería es su objeto mismo, es decir, realizar el racionalismo haciendo la guerra a la revelación y a la Iglesia Católica, su divino órgano aquí en la tierra. Es su secreto fundamental estar organizada para hacer esta guerra al catolicismo, por donde quiera y siempre, sorda o descarada, según los tiempos y las circunstancias. Nada de nuevo aprende, pues, el racionalista que se entra de masón; porque no hace más que afiliarse en el ejército que combate por su doctrina favorita — la negación de la fe".

Y si no, ¿qué dice el autor del Sarsena o el maestro elegido, que fue masón durante cuarenta y siete años, que pasó por todos los grados reales de la jerarquía y que murió en su ley de fiel hijo de la viuda? Confiesa que todos los misterios de las logias se resumen a algunos datos fabulosos sobre la Antigüedad de la Masonería; a ciertos cuentos absurdos sobre el asesinato de Hiram y sobre la palabra perdida; y a una que otra sentencia hueca en que no se encuentra la más pequeña huella de verdadero misterio.

Otro insigne masón encanecido sobre las armas y al servicio de la orden, dice Albán Stolt, confiesa que: "El mayor y el último secreto de los masones es el de no tener ninguno". La importancia que se da a esas puerilidades, añade, es también causa de que espíritus elevados y sabios de primera nota, como los Lessing, los Boss, los Krauser, los Herder, hayan dejado la orden y le hayan vuelto la espalda con supremo desdén: por eso es también que en nuestros días no se cuentan en ella personajes eminentes por sus talentos, su saber y su genio. Mucho hablan los banales, ello no obstante, de revelaciones, de luz, de oriente, de estrellas resplandecientes. Pero en dónde están esa luz y esas esplendorosas revelaciones. En las palabras y nada más que en las palabras: lo que los malos periódicos de pacotilla apellidan luz, oriente, &., puede traducirse de muchos modos; pero todas las versiones se refunden en esta:

>NO CREER EN LO QUE ENSEÑA EL CRISTIANISMO Y SOBRE TODO LA IGLESIA CATOLICA<.

Lo que necesita la turba masónica es una religión que cada cual se forme a guisa y antojo suyo, con algunas vagas nociones sobre Dios, que no inquieten la coincidencia, y que, si fuere posible, alejen del pensamiento la idea de Dios vivo, legislador y juez." ¿Podrá haber, peor, testimonio más terminante y fehaciente que el acabo de contar? No perdías de vista que quien así se expresa, no es por cierto un profano, un fanático que blasfema contra la Masonería porque no la conoce o porque ha renegado de ella; sino un masón-magnate, grado 33 de la iniciación y gran maestre de la jerarquía, que vivió y murió levantando planchas é iluminando templo Sí: no creer en la revelación cristiana y hacer la guerra a la Iglesia Católica-su viviente y divino órgano- tal es el único secreto fundamental, tal el único objeto, tal el único fin último de la Masonería. Sé muy bien que la Masonería tiene de continuo en sus labios la palabra libertad; pero los hechos hablan más alto para demostrarnos que le gusta más el poder que la libertad; y que para las logias no hay amor a la libertad ni cosa ninguna que le vaya en zaga a su odio por la Iglesia. El gran secreto de los masones puede ser resumido en la frase "Yo creo en el hombre". La Masonería mantiene oculto su símbolo secreto porque este no es un símbolo de fe; ni tan siquiera un símbolo de razón. No quiere decir nada, solamente que no creo en Dios ni en su palabra. "Los verdaderos secretos de las logias son los medios políticos que usan para lograr su fin supremo, secretos que no se revelan sino en el momento preciso de obrar". "Secretos que permanecen como objeto real del juramento incontestablemente ilícito de sus adeptos".Comprobado lo habéis visto, señores, con testimonios de masones que hacen autoridad, con documentos auténticos de las logias, que la Masonería es la enemiga eterna e irreconciliable de la Iglesia. [La masonería] es, en toda verdad, la Iglesia a inversa, el viceversa de la Iglesia, como diría el espiritual Frai Gerundio. — >Antonio José Sucre.<.

Cámara Principal del Templo Masónico de Caracas, fotografía tomada por Felipe Toro en 1950. Rostros distorsionados.

El credo de la masonería es la moral universal y su valor supremo a salvaguardar es, entre comillas, la libertad. Una institución que tiene mucho de culto religioso en sus formas: una suerte de Iglesia a la inversa, con el hombre por encima de una deidad. No es un hecho aislado que, en pleno auge de la masonería en Caracas, la Iglesia Católica sufrió un importante retroceso y la sociedad venezolana pasó por un progresivo proceso de descatolización. En Venezuela, Antonio Guzmán Blanco llegó al extremo de plantear la creación de una Iglesia Católica Nacional independiente del Vaticano. No nos debe extrañar, viniendo del mismo hombre que anexó a su hacienda un viejo cementerio.

En Caracas, las conferencias anti-católicas en logias masónicas fueron frecuentes. En una ciudad que todavía a principios del siglo XX tenía más aspecto de aldea que de urbe, no era difícil que los católicos se enteraran de las reuniones masónicas y recibieran, además, un informe detallado de los temas discutidos. A continuación, un extracto de las declaraciones de >Nicolás Eugenio Navarro<, ilustre historiador católico venezolano, en respuesta a Luis Razetti. Punto por punto, Navarro refutó todas las afirmaciones de Razetti en la conferencia anti-católica. Los masones, divinizados y glorificados por muchos, también pueden ser muy temerarios y cometen grandes errores.

"El doctor Razetti ofrece a sus oyentes como una novedad la lista de los libros sagrados, y al hablar del canon parece dar a entender que ha habido sustituciones en la determinación de los documentos auténticos de la palabra inspirada.

¡No, doctor! los «varios cánones » no son sino las colecciones sucesivas de libros sagrados que debieron formarse al correr de los tiempos, aumentándose cada vez según fueron apareciendo nuevos escritos de ese linaje y siendo debidamente reconocidos como tales por la autoridad legítima en la materia: la Sinagoga bajo la antigua alianza, la Iglesia bajo la ley nueva. El Concilio de Trento no redactó, pues, un nuevo canon, sino que dio una nueva promulgación y ratificación al canon desde los primeros siglos recibido en la Iglesia y cuya integridad pretendía vulnerar el protestantismo; el Concilio Vaticano, por su parte, hizo igual renovación al explicar y precisar el concepto de la inspiración bíblica. Otro alarde de erudición fallida resultan ser en la conferencia del doctor Razetti las páginas dedicadas al «origen de la Vulgata Latina". Resume algunos datos acerca de la lengua hebrea y luego sentencia magistralmente:

Es fácil comprender que un idioma tan imperfecto y que carece de vocales, se presta maravillosamente para que las variaciones en su escritura hayan sido frecuentísimas, sobre todo si se piensa que durante muchos siglos el texto no se conservó escrito, sino por tradición oral, y que cuando se escribió fue manuscrito por copistas más o menos ignorantes, y sobre todo, interesados ¡Doctor Razetti, doctor Razetti, por Dios! no desvaríe usted tanto, que los modernistas habrán de llamar flaco el servicio que usted ha pretendido hacerles. ¿Se imagina usted que el abate Loisy, ese personaje ilustrísimo que maneja las lenguas muertas como si las hubiera aprendido en la cuna», va a perdonarle la enormidad de esa sentencia?

Sepa usted que él no podrá contener una sonrisa de compasión al ver lo atrasados de noticias en materia de «lenguas muertas» que andan sus panegiristas de Venezuela. Y eso que usted está empeñado en que veamos «hacia adelante para abrirle caminos al progreso». ¿De dónde ha sacado usted aquello de las «variaciones frecuentísimas en su escritura», y mui particularmente lo del «sobre todo» — ¡un sobre todo monumental, como de once varas! — de la «tradición oral», etc.?

>Lectores<: es absolutamente falso que el texto original de la Escritura permaneciera nunca, ni por muchos ni por pocos siglos, en estado de tradición oral. Ese texto estuvo escrito desde el primer momento, y precisamente por ello se da a la revelación ahí contenida el nombre de: palabra de Dios

escrita.

El doctor Razeitti ha confundido zurdamente el texto hebreo clásico con las paráfrasis arameas llamadas tárgumes, que eran comentarios en lengua corriente de dicho texto hechos para el pueblo en las Sinagogas, ni más ni menos que como tomamos nosotros un versículo en latín de la misma Escritura para encabezar nuestros sermones, traduciéndolo en seguida a los fieles y explicándoles su sentido en lenguaje vulgar.

Pero lo que no se puede perdonar a nuestro conferencista es lo contenido en este pasaje, donde culminan sus conocimientos lingüísticos: «Los libros anteriores a la cautividad de Babilonia (583 antes de J.-C.) Fueron escritos en caracteres fenicios cuneiformes, que era la escritura que conocían los hebreos entonces. Más tarde fueron transcritos a la escritura llamada cuadrada, que según los autores, no es sino la misma cuneiforme modificada por los calígrafos».

En verdad que ya eso es demasiado, doctor Razetti. ¿Cómo confunde usted así y mezcla en híbrido contubernio dos categorías de signos tan completamente distintas entre sí, sin relación ninguna ni en cuanto al origen, ni en cuanto a la manera de escribirse, ni en cuanto al valor fonético, ni en cuanto a la forma, ni en cuanto a nada?

Los Libros Santos no se escribieron nunca, doctor, ni antes ni después de la cautividad de Babilonia, en caracteres cuneiformes: esta clase de caracteres, propia de la lengua asiria y que proviene directamente del sistema jeroglífico de los caldeos, no tiene nada de común con los caracteres fenicios, que derivan del sistema jeroglífico de los egipcios: el asirio se escribe de izquierda a derecha, el fenicio de derecha a izquierda; los caracteres asirios tienen valor silábico y a veces ideográfico, los fenicios tienen sólo valor literal; aquéllos figuran cuñas (de ahí el nombre cuneiformes) resultando las palabras y frases conforme a las varias posiciones y combinaciones de esas cuñas, y éstos asumen figuras diversas, como nuestras letras, que al fin y al cabo no son sino modificaciones de ellos, resultando las palabras y frases de la mezcla de sus sonidos. Jamás pudo, por tanto, existir enlace entre las dos categorías de signos para formar caracteres fenicios cuneiformes.

Como la Biblia hebraica fue escrita en letras fenicias, que eran las propias de ese idioma, resulta que nunca estuvo en caracteres cuneiformes, y por ende, aquello de que «la escritura llamada cuadrada es la misma cuneiforme modificada por los calígrafos», viene a ser pura y simplemente una calumnia gratuita levantada a «los autores».

El doctor Razetti formula ahí una conclusión completamente opuesta a la verdad de los hechos. Nada ha sido tan propicio a realzar la veracidad de los Libros Santos, ningún progreso científico ha contribuido mejor a la comprobación de los relatos bíblicos, que esas exploraciones en los oscuros orígenes de la humanidad efectuadas por la arqueología y la prehistoria. ¡Si el conferencista de la logia hubiera vertido esas palabras en el seno de una corporación científica europea, habríanlo puesto en seguida a las puertas del salón: tuviéranlo aquellos sabios como una pesada burla!

La obra cuasi milagrosa de Champollion y de sus continuadores en el desciframiento de los jeroglíficos egipcios, así como todos los demás triunfos de la egiptología en los últimos años, no han servido sino para derramar una luz maravillosa de comprobación respecto de los datos que la Biblia suministra en aquellos pasajes en que el pueblo hebreo aparece en contacto con el país de los Faraones.

Doctor Razetti, yo lo estimo a usted, a pesar de sus exorbitantes alardes de irreligión, porque tengo la debilidad de rendir parias al talento y gusto de los hombres que propenden tenazmente al adelanto social. Usted no carece de talento, ni seré yo quien le niegue sus magníficas dotes de divulgador y progresista. Pero pertenece usted al número de los que se ciegan, de los que, obsesionados por una idea fija, todo lo ven al través de sus preocupaciones y fácilmente pierden el tino: los pasos de usted son, pues, como aquellos que San Agustín calificaba de grandes pero fuera del camino: >magín passus sed extra viain<. Uno de los prejuicios que usted abriga es que el Catolicismo no tiene sabios, que toda la ciencia está refugiada en la incredulidad, y que la Iglesia carece de buenas armas, fuera de la autoridad, que oponen a quienes la impugnan.

Es una grande equivocación. Investigue mejor, examine con imparcialidad y sin precipitación y se convencerá de que anda mui escaso de noticias. Ya ve usted que aun en esta escuálida Iglesia de Venezuela y en medio de este clero cuya ignorancia tanto se complace usted en pregonar, no falta quien, llegado el momento, salte bien armado a la arena para derribar a los contrarios. Dios proporciona así los campeones de su causa, según la talla de quienes la impugnan y el medio en que la lucha se empeña, en este perpetuo arremeter del error contra la verdad.

En definitiva, no todo lo que se ha escrito de la masonería es cierto. Pero tampoco caigamos en el otro extremo: Tampoco todo es falso. Es necesario el revisionismo histórico y dialogar críticamente con las fuentes primarias disponibles. Hay que ver más allá de la propaganda; los masones no tienen poderes sobrenaturales y no son invencibles. Los masones son personas como todos nosotros, bien articuladas entre sí; con virtudes y defectos. Un grupo con una hermética estructura. También en el país.

Para muchos, la masonería fue una oportunidad para hacer negocios y darse a conocer, sobre todo en países como Venezuela, que en el siglo XIX era uno de los países más pobres y menos desarrollados del continente americano. Daniel Lahoud nos cuenta que: "Las logias debían ser lugares donde podía conseguirse negocios y trabajos, cosa muy importante en una sociedad en la que es difícil subsistir y muy probablemente la relación entre la masonería y el gobierno permitía a los masones disfrutar de los contratos con el gobierno, quien en buena medida debió favorecer a los miembros de esta institución".

No perdamos de vista la objetividad a la hora de analizar y estudiar la historia de la masonería en nuestros países americanos. La masonería debe ser entendida como un club de crecimiento personal y social. No todo lo que brilla es oro: los masones han tenido grandes méritos y muchas de sus obras para con la humanidad han sido muy positivas. Pero no son seres con cualidades sobrehumanas y, muy probablemente, mucho de lo que se ha escrito sobre ellos es más leyenda que verdad. Y no todo lo escrito ha glorificado a los masones: también existen muchas teorías conspirativas que enlodan la reputación de los masones; sin suficiente base. Seamos críticos.

Notas:
Aunque Antonio José Sucre afirmó que los masones no creían en Dios, lo cierto es que en Venezuela existieron muchos masones católicos y judíos. >>En la tésis de grado de Daniel Lahoud se aborda el tema con profundidad.<< Y uno de los requisitos para ser masón es creer en Dios, aunque es probable que el concepto de Dios de Sucre no corresponda al de los masones. "Las afirmaciones de los pensadores católicos citados podrían tener cierto sesgo".

En la inauguración del Templo Masónico de Caracas, Antonio Guzmán Blanco dijo lo siguiente: "Este es el Templo de la humanidad civilizada lo he levantado sabiendo muy bien lo que hacía y asumiendo la totalidad de las responsabilidades que tan insólito hecho entraña. Desde este punto de vista, encontraréis explicado cómo es que al mismo tiempo que levanto este Templo de la Masonería, estoy construyendo otro al catolicismo, que será el más suntuoso de Sur América y como, si tuviera tiempo, erigiría una Sinagoga y otro templo a la secta protestante. La civilización del siglo XIX es el triunfo de la Masonería. Con el Decálogo, que es el código de la moral universal y eterna, primero, y con Jesucristo, como modelo, después: antes por medio de la asociación y después de Gutenberg, por medio de la imprenta, ha realizado una verdadera transformación en que la barbarie, la ignorancia, o el fanatismo, se han sustituido por la libertad, la igualdad y la fraternidad. Jesucristo y Gutenberg son las dos grandes antorchas de la Edad Moderna: Jesucristo como generador de la redentora civilización y Gutenberg como inventor de la máquina para popularizarla hasta en las últimas extremidades sociales."

José Antonio Ferrer Benimeli fue el primer historiador que cuestionó la teoría del Bolívar masón, pero fue Reverón García el pionero en el análisis de la construcción del mito.

En 1956, Ramón Díaz Sánchez encontró en la Biblioteca Nacional de París un documento sobre la recepción de grado de compañero de Bolívar. Logia San Alejandro de Escocia.

La Iglesia Católica considera que los masones son los legítimos descendientes de los Templarios y de allí viene su profundo sentimiento anti-católico.

En las grandes urbes hispanoamericanas existieron sociedades patrióticas y secretas, pero estas no necesariamente tenían que ser logias masónicas. El sacerdote Antonio José Sucre no debe ser confundido con el prócer Antonio José de Sucre, aunque ambos estaban emparentados. Antonio Sucre, citado en este artículo, >fue sobrino del prócer<.

La masonería había sido estigmatizada en España, debido a la guerra entre la Iglesia Católica y las logias. La reputación de los masones no era buena y estos eran asociados con los problemas y las conspiraciones en España. En el contexto de la emancipación de los territorios españoles en América, las autoridades hispanas reafirmaban la supuesta afiliación de los próceres venezolanos a las logias masónicas, no porque estuvieran seguros de sus membresías en ellas, sino por el desprestigio que tenían los masones en España.

Francisco de Miranda fue el primer estudiante extranjero en los Estados Unidos. Más que su presunta y cuestionada filiación masónica, es muy posible que haya sido su origen étnico el que le abrió las puertas entre las élites comerciantes. ¡Muchos eran judíos y compartían los mismos apellidos de su árbol genealógico: Miranda, Espinosa (Spinoza o Espinoza), Rodríguez y otros. El origen sefardí de Miranda todavía no ha sido plenamente demostrado, pero es un hecho que el pueblo donde el apellido se originó era marrano casi en su totalidad. El día 11 de mayo de 1990, un pirómano alemán provocó un incendio de gran magnitud en el Templo Masónico de Caracas, Venezuela. El nombre del alemán era Peter Litwin Skrijka. Su intención también era destruir el Panteón Nacional de Venezuela.

El costo aproximado de la reparación del Templo Masónico de Caracas en 1990 fue de 700 mil dólares, es decir, 1 millón 400 mil dólares aproximadamente. El incendio ocasionado por Litwin destruyó completamente la Cámara Capitular.

El Templo Masónico de Caracas, en su época, fue una de las obras de ingeniería más costosas y Ambiciosas de Latinoamérica.

Nota: Quien esto ha Escrito como historiador sobre la Masonería en Venezuela y, podría decirse que en otras latitudes, tiene por nombre Nicolás Eugenio Navarro; >>pero he tomado su trabajo sobre nuestra Masonería; como demostración indudable de la libre expresión y el libre pensamiento, de todos y para todos, estando o no de acuerdo con sus respetables y particulares opiniones.<<.

>Grandes Personajes en la Historia de la Masonería<

En la Masonería ha habido tantos y tan grandes personajes; y como se convierte en dificultoso, darse una verdadera idea , por lo menos, sería una locura enumerarlos, aunque fuese muy espectacular poder hacerlo; pero la historia de nuestros Augustos Misterios, encierra algunos misterios, con respecto a algunos Hermanos que se fueron al Oriente Eterno y no dejaron sus huellas, por motivos que tampoco podemos describir, pero bien sabido es que siempre estarán de una forma espiritual en nuestros Espíritus y conciencias. Uno de nuestros QQ:.HH:. Que murió muy inmerecidamente en la hoguera, fue: Jacques De Molay... Como aparece en las gráficas.

Que aunque pertenecía a la orden de los caballeros Templarios, tuvo mucho que ver con nuestra orden masónica, en muchos aspectos, sobre todo el hecho de haber sido víctima de los que después de utilizarlos, para enriquecer a la iglesia y a la corona y malgastar las riquezas de las que fueron receptores inmerecidos, y además no pudiendo devolverles la parte que les correspondía a los Templarios de las inmensas riquezas que lograron entregar al príncipe y a la iglesia; optaron por crear un diabólico plan en el cual los acusaron de herejía y de una serie de cuestiones totalmente contrarias a los asuntos cristianos y eclesiásticos y los persiguieron y los destruyeron, pero algunos de ellos lograron, según algunas historias, llegar a Escocia y otras regiones de Europa e ingresar en nuestras logias coadyuvando a su crecimiento y conservación; lo que nos indica que de alguna manera, luchábamos en contra de las mentiras y las supersticiones y otras series de cuestiones que ya averiguaremos, en el transcurso de este importantísimo capitulo. Lo que sabemos es que este grande hombre, antes de morir lanzó una maldición en contra de los que le acusaron, juzgaron y sometieron a la hoguera: "Les dijo que en un corto tiempo ese mismo año morirían todos, lo que se le cumplió, cuando en menos de ese lapso de tiempo fallecieron los tres principales culpables de su muerte,

Guillermo de Nogarel, quien se ocupó de apresarlo en la propia sede de los Templarios, murió envenenado, a finales del año, Felipe VI, murió en el mes de Junio del mismo año y el papa Clemente V, también murió a finales del mismo año y así los tres hijos del primero , desapareciendo en el corto tiempo esa dinastía.

Pero en la historia de la masonería, se pueden dar a conocer algunos nombres de hombres famosos que pasaron por nuestros templos y fueron iniciados; como por ejemplo, y aclarando que : Los masones siempre han vivido rodeados de leyendas y mitos sobre ¿Quién controla esta sociedad secreta? >Cómo se creó< y ¿Cuál es su funcionamiento?. Muchas de las conspiraciones más celebres de la historia han sido atribuidas a estos masones que, también, han sido acusados frecuentemente de ser la verdadera sociedad que mueve los hilos en el mundo Y se suman a los más poderosos manejadores de la economía mundial; como son "Los Iluminatis"

El origen más antiguo que podemos encontrar respecto a la creación de la masonería lo encontramos en el siglo XIII, asentados, mayoritariamente en Francia. Con altos conocimientos en finanzas, economía, matemáticas y física, al principio solo se conocían dentro de su propio gremio. Poco a poco, ya en el siglo XVIII, estas asociaciones comenzaron a ampliarse por otros grupos de población y llegó la gran expansión por el mundo anglosajón, principalmente en Reino Unido y Estados Unidos.

Dentro de esta enorme expansión, que llega hasta nuestros días, a los masones han pertenecido todo tipo de personas y personalidades relevantes de la historia. Muchos de ellos lo mantuvieron en secreto, mientras que de otros siempre se ha sabido su pertenencia a alguna logia de los Masones. 'Estos son algunos de ellos:

Voltaire:

El gran ilustrado francés del siglo XVIII, fue alguien muy destacado en las letras y en sus fundamentos como máximo exponente de la Ilustración. Fue encarcelado en varias ocasiones por su crítica a la corona y al orden absolutista que gobernaba en la Francia de la época. Su cuerpo descansa en París y formó parte de los masones durante años.

Benjamín Franklin:

Considerado uno de los padres fundadores de Estados Unidos, Benjamín Franklin, se convirtió en un firme seguidor de la ilustración cuando viajó a Francia e Inglaterra

donde se empapó de toda la ideología liberal de la época. Esto le llevó a promover la independencia de las trece colonias americanas.
En el año 1731, Franklin entró como miembro de la Logia de Filadelfia, y en sus años en París, se convirtió en el Venerable maestro de los conocidos como la logia de 'Las Nueve Hermanas'.

José Ortega y Gasset:

Al igual que otros españoles ilustres como Manuel Azaña, Ramón Gómez de la Serna o
Vicente Blasco Ibáñez, el filósofo y escritor José Ortega y Gasset se convirtió en masón y fue un respetado miembro: De esta sociedad en España; que actualmente, cuenta con más de 350 integrantes.

Alexander Fleming:

El Premio Nobel de Medicina; por descubrir la penicilina, entre otras cosas, también fue un miembro activo y muy destacado de los masones. Perteneció a varias logias ocupando altos cargos en las estructuras de poder de la sociedad. Entre estas logias destacan: Su pertenencia a la Gran Logia Unida de Inglaterra y a la Gran Logia de Nueva York, dos de las más importantes del mundo.

Clark Gable:

El actor Clark Gable: Destacó en su trabajo y es considerado uno de los mejores actores del cine clásico norteamericano. El de Ohio, se unió a la Logia de Beverly Hills principios de los años 30, aunque era conocido por no respetar mucho las normas masonas de buena conducta.
Años después de pertenecer a la orden participaría en películas tan destacadas como 'Lo que el viento se llevó', o 'Sucedió una noche', por la que ganó su único Oscar.

Mozart:

Los músicos clásicos como Mozart eran personas muy cercanas a la masonería desde su relación con los altos mandos de la política y mandatarios de la época. Mozart, el maestro de la música clásica, se convirtió a muy temprana edad en miembro de los masones ingresando en la logia de Zur Wohltätigkeit situada en la ciudad de Viena.

Poco a poco, y tras sus aportaciones y dedicación a la sociedad masónica, se convirtió rápidamente en Maestro Masón. Sus mejores amigos y personas más allegadas pertenecían o tenían relación con los masones, y compuso algunas obras notables para las reuniones masónicas como su Música fúnebre de 1785.

Winston Churchill:

El Primer Ministro de Reino Unido del 1940 al 1945 y del 1951 al 1955, ingresó en la Francmasonería con tan solo 26 años a principios del siglo XX. Cuando llegó al poder ya era un reputado hombre masón, aunque jamás ocupó un puesto destacado dentro de la sociedad. Churchill era asiduo a las reuniones de su logia de Studholme, aunque se piensa que su entrada en la política le llevó a abandonar la orden.

Óscar Wilde:

Uno de los más reputados escritores del siglo XIX, formó parte de la masonería desde que se hizo gran amigo del príncipe Leopoldo en sus años universitarios en Oxford.

Wilde se iniciaría en su logia en el año 1975, en la logia Apollo, que todavía sigue en acción en Reino Unido, y pasaría posteriormente a la logia Churchill. Marcado por su padre, miembro de los masones en Irlanda, Óscar Wilde fue un miembro activo de la comunidad masónica dedicando muchos de sus poemas a los masones, a su vinculación con ellos y a su forma de vida.

>Algunos Masones Ganadores del Premio Nobel de la Paz<.

Los premios que distribuye la Fundación creada por Alfred Novel recompensan a las personas e instituciones que más hayan contribuido al progreso y bienestar de la humanidad en los campos de la física, la química, la medicina y la fisiología, la literatura, la paz y la economía. Los Premios Novel son reconocidos como las más prestigiosas distinciones que se pueden recibir en estos ámbitos. La Fundación Nobel fue creada el 29 de Junio de 1900 cumpliendo la voluntad del propio Alfred Nobel que se sentía culpable por su responsabilidad como empresario enriquecido a través de una industria productora de dinamita cuyo principal mercado era la minería, pero también la guerra.

Desde 1902, los premios los entrega el Rey de Suecia. Los premios se conceden en una ceremonia celebrada anualmente en la Sala de Conciertos de Estocolmo, siguiendo el banquete en el Ayuntamiento el 10 de diciembre, fecha en que Alfred Nobel murió. La entrega del Premio Nobel de la Paz se realiza en Oslo, Noruega. Los nombres de los laureados, sin embargo, suelen anunciarlos en octubre los diversos comités e instituciones que actúan como tribunales de selección de los premios. Junto con los diplomas se entrega un importante premio económico, actualmente unos 10 millones de coronas suecas (algo más de un millón de euros). La finalidad de esta suma es evitar las preocupaciones económicas del laureado, para que así pueda desarrollar mejor sus futuros trabajos, promoviendo así el desarrollo de la cultura, la ciencia y la tecnología en el mundo.

Elie Ducommun suizo (1833-1906). Premio Nobel de la Paz en 1902. Miembro fundador en Ginebra, en 1867, de la Liga Internacional para la Paz y la Libertad. Trabajó como profesor de idiomas, periodista (en las publicaciones Revue de Genève, Der Fortschritt y Helvétie), secretario general de una compañía de ferrocarril y editor, y de traductor para la Cancillería Federal suiza (1869-1873). En 1891, fue designado para dirigir el Bureau international de la paix, que tenía su sede en Berna. Falleció en 1906, siendo las últimas palabras que pronunció: «Amaos los unos a los otros». Fue iniciado en 1856 en la logia "La Prudencia" de Ginebra. De 1890 a 1895 fue Venerable maestro de la logia "Alpina" y también Venerable maestro de la logia "La Esperanza" de Berna.

Giosue Carducci (Valdicastello, 1835-Bolonia, 1907) Poeta italiano, premio Nobel de Literatura en 1906, que defendió un clasicismo pagano frente a las tendencias decadentistas y románticas de su época. Estudió humanidades y literatura en Florencia, donde se doctoró en 1856. La actitud radical que impregnó los comienzos de su obra era una decisión estética, aunque también biográfica. Más tarde, sin embargo, como muchos masones, aceptó la monarquía de los Saboya y estableció una relación de afinidad con la reina Margarita. La oda A la reina de Italia (1878) refleja su defensa de la monarquía. Dotado de profundo conocimiento de la literatura griega y latina, devolvió a la lengua italiana su luminosa y en cierto modo perdida musicalidad lírica. Las publicaciones de sus versos no reflejan el orden de su escritura, porque el poeta recuperaba libros antiguos al reeditar los nuevos. En sus obras cabe citar Rimas (1857), Levia Gravia (1868), Poesías (1871), Primavera helénica (1872), Nuevas poesías de Enotrio Romano (1873), Odas bárbaras (1882, 1889, 1893)), Yambos y épodos (1882), Rimas nuevas (1887), Rimas y ritmos (1899). Carducci fue iniciado masón en 1862 en la logia "Concordia Humanitaria" de Bolonia y formó parte de las logias "Galvani" y "Felsinea", ambas de Bolonia.

Theodor Roosevelt (Nueva York, 1858–1919) fue el vigésimo sexto Presidente de los Estados Unidos (1901 a 1909). Fue iniciado en la logia Matinecock nº 806 de New York. Entró en política en 1881, al lograr un asiento en la cámara de representantes de su estado por el partido republicano. Designado como vicepresidente de los Estados Unidos, el asesinato de William McKinley, le hizo acceder a la presidencia en 1901 con tan solo cuarenta y dos años. Fue reelegido en 1905, por abrumadora mayoría. Intervino personalmente en el arbitraje del conflicto entre Francia y Alemania sobre Marruecos y en el que se produjo entre Rusia y Japón, lo que le sirvió para obtener el Premio Nobel de la Paz en 1906. Atacó a las grandes empresas, a las que acusaba de obtener enormes beneficios en detrimento de los consumidores, e inició procedimientos contra los grandes capitalistas del ferrocarril, del petróleo y de la industria agroalimentaria y para arbitrar el conflicto entre los mineros en huelga y la patronal; este hecho permite que consigan una jornada de 8 horas y unos salarios más justos. Roosevelt fue el primer presidente que se preocupará por la conservación de los espacios naturales y por la fauna. Creó las bases del sistema de Parques Nacionales, de Monumentos Nacionales y de Bosques Nacionales así como de las Reservas Naturales. Es uno de los cuatro presidentes esculpidos en el granito del Monte Rushmore junto a George Washington, Thomas Jefferson y Abraham Lincoln.

Alfred Hermann Fried (Viena, 1864-1921), premio Nobel de la Paz en 1911. Desde 1891 fue codirector, con la baronesa von Suttner, de la revista Die Waffen Nieder (¡Abajo las Armas!), título que cambió en 1899 por el de Die Friedenswarte (La Atalaya de la Paz). En 1892 fundó la Deutsche Friedensgesellschaft (Sociedad Alemana por la Paz), que fue el foco del movimiento pacifista anterior a la I Guerra Mundial. Fried participó en varias conferencias internacionales sobre la paz. Con el estallido de la I Guerra Mundial, emigró a Suiza en protesta por la política alemana. Trabajó por la paz como editor de Blatter fur internationale Verstandigung und zwischenstaatliche Organisation ("Papeles para el Entendimiento Internacional y la Organización Inter.-Estatal"). Entre sus obras sobresalen Handbuch der Friedensbewegung (2 vols., 1911-1913), Grundlagen des ursächlichen Pazifismus (1916) y Mein Kriegtagebuch (4 volúmenees, 1918-1920), diario personal de la I Guerra Mundial.Alfred Hermann Fried (Viena, 1864-1921). Consta su afiliación el 9 de febrero de 1908 a la logia "Sócrates" de Viena

León Víctor Auguste Bourgeois (París, 1851- castillo de Oger, Marne, 1925) fue un político francés y padre del solidarismo. Prefecto de Tarn en 1882 y después en la Alta Garona en 1885. En 1888 es elegido diputado radical del Marne. Ocupó regularmente cargos ministeriales a partir de 1890 (ministro de Educación Nacional (1890-1892 y 1898), ministro de Justicia (1893), de Asuntos Exteriores (1906), y especialmente la presidencia del consejo de noviembre de 1895 a abril de 1896. Sucedió a Paul Deschanel como presidente de la Cámara de Diputados. Fue senador en 1905 y presidente del Senado del 14 de enero de 1920 al 16 de febrero de 1923. Fue delegado en representación de Francia en las Conferencias de la Haya de 1899 y 1907 y miembro permanente del Tribunal de Arbitraje de La Haya. Ayudó notablemente a la organización de la Sociedad de Naciones, presidiendo en 1920 su primera sesión. En ese mismo año galardonado con el premio Nobel de la Paz. Fue miembro de varias logias francesas como "La Sinceridad" en Reims.

Gustav Stresemann (Berlín, 1878 - Berlín, 1929) fue un político alemán, que desempeñó el cargo de ministro de relaciones exteriores y Canciller de Alemania durante la República de Weimar. Tras estudiar economía en Berlín y Leipzig pasa a ser consejero en 1901 entre los comerciantes de

Sajonia. En 1907 es elegido diputado en el Reichstag y entre 1920 y 1929. En plena crisis producida por la ocupación del Ruhr por parte de tropas francesas y belgas, es nombrado Reichskanzler (canciller) el 13 de agosto de 1923. Los días 8 y 9 de noviembre se produce un intento de golpe de Estado por parte del Partido nazi, ante el que el gobierno de Stresemann se ve obligado a reaccionar deteniendo entre otros a Adolfo Hitler y Rudolf Hess. Gustav Stresemann será hasta su muerte Ministro de Asuntos Exteriores. El objetivo de su política exterior fue el entendimiento con los vencedores de la IGM, en especial con Francia. La "Realpolitik nacional" de Stresemann es un éxito y lleva a la consecución de diversos pactos y tratados que permiten que Alemania vuelva a tener un papel relevante en la escena política internacional. Por su intervención en los acuerdos de Locarno, que garantizan el respeto de las fronteras entre Alemania, Bélgica y Francia le fue concedido el premio Novel de la paz en 1926. Era maestro Masón. ¿Logia?

Albert Abraham Michelson (Strzelno, Polonia, 19 de diciembre de 1852 - Pasadena, Estados Unidos, 9 de mayo de 1931) profesor de Física en la Case School of Applied Science de Cleveland, profesor de Física en la Clark University de Worcester, Massachusetts, Jefe del Departamento de Física de la nueva Universidad de Chicago. Entre 1923 y 1927 fue presidente de la Academia Nacional de Ciencias. Fue elegido miembro de la Royal Society. Creó un interferómetro para medir con gran precisión la longitud del metro basándose en las longitudes de onda de una de las líneas espectrales de un gas estableciendo así un patrón de medida universal. En 1907 recibió el premio Nobel de Física. Fue iniciado en 1874 en la logia "George Washington" 21 de Nueva York. Foto: Albert A. Michelson, Albert Einstein y Robert A. Millikan en el Instituto de Tecnología de

Aristide Briand (Nantes, 1862 - París, 1932) junto con Jean Jaurés fundó el Partido Socialista Francés (PSF). En 1906 aceptó la cartera de Instrucción y Culto del gabinete Sarrien, lo que le supuso la expulsión del partido socialista y su vinculación desde ese momento con el grupo radical-socialista. Su participación como ministro se sucedió en numerosas ocasiones en 1909, 1913, 1915, 1921. Desde 1925 hasta 1932 desempeñó la Cartera de Asuntos Exteriores. Entre sus éxitos se encuentra el Pacto de Locarno en 1925 con Alemania, y el Pacto Kellogg-Briand de 1928, que establecía la renuncia a la guerra como instrumento de política nacional. Su tendencia pacifista y conciliadora, su defensa del desarme y su empeño en la reconciliación franco-alemana le fueron reconocidas con la concesión del premio Nobel de la Paz en 1926, que compartió con otro masón, Gustav Stresemann, su homólogo alemán. Su proyecto más importante fue la creación de los Estados Unidos de Europa que esbozó en un discurso pronunciado el 5 de septiembre de 1929 ante la X Asamblea de la Sociedad de Naciones. Era maestro masón de las logias "El Tratado de Unión de San Nazario" y de"Los Caballeros del Templo".

Friedrich Wilhelm Ostwald, (Riga, Letonia, 1853-1932, Grossbothen, Alemania). Cursó estudios en la Universidad de Dorpat (hoy Universidad de Tartu), graduándose en 1875. Trabajó como profesor en dicho centro hasta 1881. De 1881 a 1887 fue profesor del Instituto Politécnico de Riga. En 1887 se trasladó a la Universidad de Leipzig como profesor de química-física. Allí fundó el Instituto Ostwald, primer instituto dedicado al estudio de la físico-química, que dirigió hasta su jubilación en 1906. Ostwald se interesó grandemente en la idea de la adopción de una lengua auxiliar internacional, aprendiendo primero esperanto, pero posteriormente interesándose en la reforma de este, Ido, movimiento al que donó parte del dinero obtenido al ganar el premio Nobel y traduciendo parte de su obra a dicho idioma. Formuló la ley de Ostwald que rige los fenómenos de disociación en las disoluciones de electrolitos. Ideó un viscosímetro que se sigue utilizando para medir la viscosidad de las disoluciones. Entre sus obras destacan Filosofía natural (1902) y Ciencia del color (1923). Obtuvo el premio Nobel de Química en 1909 por sus investigaciones sobre la catálisis, los principios fundamentales que gobiernan los equilibrios químicos y la velocidad de reacción y el equilibrio químico. En 1911, siendo ya maestro masón, se afilia a la logia "Los Tres Anillos" en Leipzig y en 1914 es designado Gran Maestro Honorario del Gran Oriente. Trabajo" en París.

Santiago Ramón y Cajal, español (Petilla de Aragón, 1852-Madrid, 1934). Premio Nobel de Medicina en 1906 por sus trabajos sobre el sistema nervioso. Por sus investigaciones obtuvo la Medalla Helmholtz (1905), el Premio Nacional de Moscú (1900), los nombramientos de Doctor Honoris Causa de las Universidades de Clark, Boston y Cambridge en 1899, el mismo año en el que publicó el tercer fascículo de su Textura del sistema nervioso del hombre y los vertebrados, que se completaría en 1900 y 1901. A partir de esta fecha, el gobierno español crearía también para él el Laboratorio de Investigaciones Biológicas, que dio origen a la Escuela Española de Neurohistología, uno de los centros científicos más importantes del país. Fue iniciado en la logia "Caballeros de la Noche" nº 68 de Zaragoza adscrita al Gran Oriente Lusitano Unido.

Charles Robert Richet (Paris, 1850-1935) estudió medicina en París y se doctoró en 1869 y en ciencias en 1878. En 1880 fue encargado de curso auxiliar de fisiología. En 1887 fue nombrado profesor de fisiología de la Universidad de París. Su labor docente se prolongó hasta 1925, cuando se jubiló, siendo designado profesor honorario Sus trabajos científicos giran en torno a varios campos. El principal fue el de la fisiología. También cultivó áreas más alejadas de la fisiología. En 1887, por ejemplo, publicó un Essai de Psychologie générale y en 1922 vio la luz su Traité de métaphysique. Fue conocido, además, por defender de forma entusiasta el pacifismo. En 1926 recibió la gran cruz de la Legion de honor. Fue pionero en la investigación "metapsíquica", llamada después Parapsicología. Publicó sus conclusiones en un Tratado de Metapsíquica. Miembro del Instituto de Francia y de la Academia de Medicina. Premiado con el Nobel de Medicina en 1913 por su investigación sobre los sueros y la anafilaxis. Charles Robert Richet (Paris, 1850-1935) estudió medicina en París y se doctoró en 1869 y en ciencias en 1878. Fue miembro de la Logia "Cosmos" de la Gran Logia de Francia.

Joseph Rudyard Kipling (Bombay, 1865–Londres, 1936) fue un escritor y poeta británico nacido en la India. Autor de relatos, cuentos infantiles, novelista y poeta. Algunas de sus obras más populares son la colección de relatos The Jungle Book (El libro de la selva, 1894), la novela de espionaje Kim (1901), el relato corto The Man Who Would Be King (El hombre que pudo ser rey, 1888), o los poemas Gunga Din (1892). Varias de sus obras han sido llevadas al cine. Fue iniciado en la masonería a los veinte años, en la logia «Esperanza y Perseverancia Nº 782» de Lahore, Punjab, India. En su época fue respetado como poeta y se le ofreció el premio nacional de poesía Poet Laureateship en 1895 (poeta laureado) la Order of Merit y el título de Sir de la Order of the British Empire (Caballero de la Orden del Imperio Británico) en tres ocasiones, honores que rechazó. Sin embargo aceptó el Premio Nobel de Literatura de 1907. En todas sus obras manifiesta el espíritu de la Masonería y su hondo amor a los hombres sin distinción de raza ni color.

Frank Billings Kellogg (Potsdam, Nueva York, 22 de diciembre de 1856 - Saint Paul, Minnesota, 21 de diciembre de 1937) estudiante de leyes, comenzó a practicar la abogacía en Rochester, Minnesota, en 1877, siendo fiscal de la ciudad entre 1878 y 1881 y fiscal del condado de Olmsted, Minnesota, entre 1882 y 1887. Posteriormente, fue senador republicano por Minnesota entre 1917 y 1923. Entre 1925 y 1929 ejerció como secretario de Estado, en el gabinete de Calvin Coolidge interviniendo en la redacción, juntamente con el ministro francés Aristide Briand, del pacto Briand-Kellogg, por el que 15 naciones denunciaban la guerra. Este acuerdo, firmado en París en 1928, le supuso la concesión del premio Nobel de la Paz en 1929. De 1930 a 1935 desempeñó el cargo de juez asociado del Tribunal de Justicia Internacional. Fue iniciado en una logia de Rochester en Nueva York. En noviembre de 1924 visita la logia "América" nº 3368 de la Gran Logia Unida de Inglaterra aceptando ser miembro de honor.

Carl von Ossietzky (Hamburgo, 3 de octubre de 1889 - Berlín, 4 de mayo de 1938) fue miembro de la sociedad pacifista fundada por el Nobel de la Paz austriaco Alfred Hermann Fried. Tras la guerra se erigió en paladín del pacifismo alemán y en 1922 fundó el movimiento «Nie Wieder Krieg» (Nunca más la Guerra) denunciando el rearme secreto que se estaba realizando en Alemania. Condenado a prisión por los nazis, pasó por varios campos de concentración donde enfermó de tuberculosis muriendo en un Hospital penitenciario en Berlín en 1938. Convertido en símbolo de la opresión nazi, fue propuesto para el Premio Nobel de la Paz por Albert Einstein, Romain Rolland y Thomas Mann entre otros. La presión política del régimen nazi contra el Comité noruego decisorio de los premios Nobel no pudo impedir que le fuera concedió el premio Nobel de la Paz en 1935. Fue iniciado en 1919 en la Logia "Humanidad" de Hamburgo

Henri La Fontaine (Bruselas, 1854-1943). Estudió leyes en la Universidad Libre de Bruselas. Pronto alcanzó una gran reputación como autoridad en derecho internacional. En 1893 fue profesor de derecho internacional en la Universidad Nueva de Bruselas y dos años después fue elegido para el Senado belga a través del Partido Social-Demócrata. Fue vicepresidente del Senado entre 1919 y 1932. En 1913 fue galardonado con el premio Nobel de la Paz por sus esfuerzos en fomentar las buenas relaciones entre Francia y Alemania a través de la mediación belga, y por la intensa labor pacifista que venía desarrollando desde 1882. Fue representante de Bélgica en la Asamblea de la Sociedad de Naciones (1920-1921) y perteneció al Consejo Interparlamentario (1927-1932). La Fontaine fue autor de un gran número de manuales legales y de una historia documental del arbitraje internacional. Fue también fundador de la revista La Vida Internacional. Fue Venerable maestro de la logia "Los Amigos Filántropos" de Bruselas..

Todos y cada uno de los galardonados hasta esa fecha, son indiscutibles representantes de lo que los hicieron merecedores de los mismos. Y así como esos QQ:.HH:: Fueron dignos y reconocidos, por los que este premio otorgan, de la misma manera, son también dignos representantes de nuestra gloriosa Masonería y seguro estoy de que recibieron los ¡¡Hurras...!! Y los reconocimientos de sus respectivas Logias y de los QQ:.HH:. Que las conforman en sus respetados países..

Y como decimos en criollo, "NUNCA ES TARDE NI CUANDO SON LAS DOCE DE LA NOCHE". Humildemente, pero con el corazón henchido de Masónico entusiasmo y con la verdad siempre por delante...Mis felicitaciones van hacia el pasado glorioso de estos QQ:.HH:. Y si aún están entre los Masones que mantenemos las prácticas sagradas de nuestras liturgias ... Que el Gadú, los tenga enmarcados en sus augustos y santos lugares en el momento de su viaje maravilloso a Nuestro Eterno Oriente y, a los que ya disfrutan de ese inmortal privilegio, les hago llegar mis más respetuoso saludos >Almáticos> Y les pido sus luces, para continuar en nuestros quehaceres cotidianos y filantrópicos....¡Amén ...Así sea!

>>Artistas y Actores Famosos que fueron Masones<<:

Estos son algunos de los seleccionados para aparecer en este selecto grupo de artistas reconocidos por el mundo entero, por sus actuaciones y sus entregas al público en general, sin ningún tipo de prurito, ni tontos resabios.

-Venezuela........ Estados Unidos......... y México-

Nat King Cole. Famoso Cantante. Manolo Monterrey Famoso Cantante, Mario Moreno Cantinflas Famoso Actor Cómico, Cantante y Comediante. Realizar una lista de estas personas que han representado a sus diferentes países, llevando su arte por todo el globo terráqueo, es muy problemático, porque son tantos y tan excelentes, que es mejor, dejar a estos tres hombres que representan una clara imagen del arte escénico e interpretativo en la canción que siendo Masones, lo ejecutaron no solo con el alma y el corazón; sino con el amor y la Conciencia, clara y perfecta. Ellos según mi Masónico criterio, merecen todos los ¡¡Hurras...! Habidos y por haber, pues los mismos llegarán sin dilación a todos los por ellos representados. Desde el Eterno Oriente, donde están a la diestra del GADU.

Nota de Introducción a la obra:

Como he mencionado en párrafos anteriores, en el mundo existen muchas Logias que están dispuestas a aceptar en sus misterios, a todos los que al desearlo hacer, sepan antes de tocar nuestras puertas, que el ser serios, responsables, sinceros, trabajadores, humanitarios y sobre todo, tener la seguridad de que espiritualmente están listos , para pertenecer a la Masonería... Son algunos de los elementos que de poseerlos y actuar en consecuencia; entonces ya tienen un gran camino recorrido y las cosas se le harán mucho más fáciles. Lo que significa que todos saldremos ganando , el profano se podrá convertir en un hombre diametralmente diferente a como hubo entrado en nuestros templos, la Masonería habrá ganado un Excelente buen H:. y los Masones tendremos la dicha de contar con uno más de nuestro ejército de hombres listos, para ayudar en todo cuanto esté a su alcance a nuestro prójimo. Y los hurras, se multiplicarán en su honor..

Una de las razones importantes de ser y existir de nosotros los hijos de la viuda no es otra que la cultura y las buenas obras, sean estas las que fueren, siempre y cuando nos instruyan o nos alimenten, mentes , cuerpos, corazones espíritus y conciencia, sé que en el cuadro logial representado por todos los Masones del mundo, existen QQ:.HH:. Que se han dedicado o se dedican a la música, al canto, a la creación de otras obras, tanto pictóricas, como de la misma Ingeniería Moderna y por su puesto a la representación artística, teatral, cineasta y televisiva y lógicamente ; sobre las tablas de algunos teatros y por razones que no sé explicarme, por lo menos no me he atrevido a preguntármelo, se me ocurrió la idea de escribir una obra de teatro, dedicada a nuestra masonería, en verdad se la mostré a más de un Q:.H:. y lamento decirlo, pero no les entusiasmo, en lo más mínimo, pero a los QQ:.HH:. que presentaré en unas tomas fotográficas, les agradó mucho la idea y se ofrecieron para ayudarme a conseguir quien la musicalizara y quien la quisiese presentar...Eso me llenó de orgullo del bueno y muy masónico; y ya estamos esperando esa oportunidad: Y, la misma que yo llamo obra de teatro y que la escribí solamente para ser observada por los maestros Masones, a la hora de imaginariamente, ser representada por algún Q:.H:... Pues la Intitulé...>>Monólogo de un Masón<< Y la ,misma se trata de la representación de un Maestro Masón, recordando para sí, cada uno de los pasos que tuvo que dar para llegar a su Status o Grado Masónico y con algo de humor muy sano. La va hilvanando en sus recuerdos y actuando en consecuencia.

Como quiera que considero que debe ser por lo menos leída y apreciada por los que en su oportunidad , puedan acceder a este muy variado trabajo; envuelto en una recopilación, digamos que muy sucinta, rápida y por lo demás, ajustada a la Masonería... dentro de su lógico elemento Masónico. Y por esa razón, aquí se las presento.

Obra de Teatro especial para MM:.MM:.

MONÓLOGO DE UN Masón.

Escenografía:

- Ambiente en cámara de aprendiz.
-Luces medio encendidas
-Una mesa colocada en medio del escenario
-Olor a incienso (Incensario)
-Música masónica muy leve (Mozart)
-Tres velones encendidos y colocados en triángulo
-fondo dos columnas y el emblema Masónico. De Cámara de Aprendiz.
- Unas sillas.

Personajes:

-Un Hombre vestido de negro, camisa blanca .corbatín- y un mandil blanco con la solapa arriba, el collarín y los guantes blancos.

Tres Actos...Tres Grados....

1ero. 30 minutos.

2do, 30 minutos.

3ro. 30 minutos.

Duración total: 1 Hora y 30 Minutos. Aproximadamente.

NOTA: De ser posible, se comienza con el himno masónico, interpretado por Carlos Almenar Otero, nuestro ilustre Hermano.
U otro Q∴H∴Que se lo sepa. Y lo grave. --Debe oírse Antes de Levantar el telón para ir ambientando el comienzo de la obra.

ACTO I

<Se sube el Telón y aparece un hombre sentado en posición meditativa, se pone de pie y comienza a monologar sobre su propia vida como Masón>....
Se deja oír una música muy suave.

--- ¡Hola a mí mismo!, ¿cómo me encuentro?
¡Excelente! en verdad un poco triste, he sido uno de los hijos de la Viuda desde hace mucho tiempo y, aún no me he recuperado de esa incertidumbre que data de tantos y tantos años...

Haciendo ademanes de acuerdo a lo que expresa.

--- ¡Bueno...! Uno no debe vivir con esas cosas que de paso, son irreversibles... Y, Solamente, para revivir los buenos recuerdos, las cosas bellas por las que hemos pasado y debemos vivir...En fin.

Toma asiento en la silla que está a un lado de la mesa central triangular, toma una aptitud de pensador... y continúa.

---Nunca olvidaré aquella noche... ¡Que noche...! Todo el día anterior y ese día, sentía una extraña sensación, no era temor o miedo, no, era algo que trataba de describir y se me hacía imposible, a pesar de que había pasado por varias semanas de charlas y elaboración de pequeños trabajos de investigación, además de muchas explicaciones y, lo poco mucho que había leído sobre las cuestiones iniciáticas...Solo que una cosa es leerla y oírla y otra muy distinta, ¡tener que vivirla!...

Se pone cómodo en su silla y en la misma aptitud de analítico pensamiento, continúa recordando en voz alta.

--- ¡Jamás me había sentido tan solo y tan desamparado, como esa noche, cuando frente a una cantidad de advertencias sobre lo que debía o no hacer y de que aquello no era un juego...Y la mesa y los...

Elementos colocados allí, el Mercurio. El agua, El cráneo, la tierra, el lápiz, el papel... Espigas de trigo, frasco con sal,los huesos cruzados. El extraño olor a no sé qué, me dieron suficientes motivos para reflexionar sobre muchas cosas y, luego la vestimenta y la elaboración de un testamento...No, aquello, no era muy acogedor que digamos...Pero ya estaba allí y no podía, ni quería echarme atrás. A pesar de las advertencias...En los letreros de las paredes!...¡Que lo piense bien, que eso no es un juego , que voy a morir, que si es por curiosidad que me vaya,...que no me engañe a mí mismo...! Y otras cosas...

A medida que va hablando lo hace con más y más énfasis, llegando a impresionar al público. Y la música se acentúa...

---¡¡Luego un paseo a oscuras y un pie descalzo y el otro con una chola y los ojos vendados...Y las piernas desnudas y el torso desnudo y tomado del brazo por un Maestro Experto, que me dice que no tema, que confíe y que lo estoy haciendo bien...!! ¡¡Todavía siento algo de incomodidad, frío e impotencia...!! Como si hubiese sido ayer. Pero lo volvería a repetir, porque es una magnifica experiencia, que ocurre una sola vez en nuestra vida masónica. ¡Si, lo volvería hacer...!

Hace ademanes a cada expresión y la música sube la tonalidad se pone de pie y se dirige al público, imaginario de su soliloquio.

--- Pero cuando mi guía M:. Exp:. Toca una puerta con tanta dureza, pensé; ¡este como que está loco!, hay mi Dios, me estremecí y pensé, ¿Qué hago? "sentí, no lo niego, cierto temor"... y oí como una cosa que raspaba una puerta y, luego, que la entre abren y comienzan con una serie de preguntas que yo debo responder de acuerdo con mi conductor, mi edad, mi profesión, mi estado civil, mi di o desde el fondo del recinto, continúa realizándome preguntas y dándome

Explicaciones de lo que pasaba e iba a pasar y me sientan en una piedra y pienso... ¿Qué estará pasando? Y me dicen que es la piedra de las tribulaciones y que sienta la soledad y piense y, me ponen de pie nuevamente y me dicen que si estoy dispuesto a hacer tres viajes y, digo que si y después de una serie de palabras para acá y palabras para allá: Comienzan los viajes y mis pies chocan con maderas por el sonido al caer y, luego paso por una especie de batalla por el sonido de las espadas, (era ruda la batalla) y me echan aire y casi me queman las que me conté y me hacen golpear a alguien por la espalda o por el hombro y con tono de voz muy fuerte el golpeado pregunta que ¿quién le ha tocado? y responde mi guía ¡¡Yo que soy su conductor!! Y pienso "Menos mal que no me echó el carro a mí, que estaba pasando por tantas calamidades" Me hicieron tomar una copa muy dulce, y luego algo amargo y posteriormente agua, y a cada toma una advertencia, después la ablución, o sea me lavaron las manos y me las secaron... Todo un increíble transitar a ciegas por aquel aposento, lugar o cuarto. Creo que era o es un rito muy alegórico a algunas cosas que hoy por hoy he venido aprendiendo, con el estudio y los trabajos logiales...

En esta parte, el actor toma un tono que cambia y se adapta a cada situación que va describiendo, acelerando un poco y dramatizando la explicación, para no caer en la monotonía. (La música marcha al compás de sus palabras)

---El jefe da la orden de que me lleven al lugar de donde me sacaron después de estar entre las llamadas columnas, y me llevaron al altar de los juramentos y después de hacerme ver la luz, que yo buscaba y me colocaron espadas en frente de mi pecho y me pusieron una cosa punzante en el pecho, y me amenazaron con caras de pocos amigos... y entre columnas, según oía a cada paso, y Otra vez agacharme y recorrer algunos espacios, hasta que llegamos al lugar de donde habíamos salido y me indica el experto que me vista, entregue todo lo que tenga de metales y dinero y lo meta en una bolsa. No se por qué, pero pensé en la antigua policía...¡¡Manos arriba y contra la pared...!! ¡¡Ojala me devuelvan por lo menos la cédula, pensé!! Pero no dije nada, me vestí y al rato me pasaron buscando y esta vez tocó diferente la puerta y pensé "ahora fue más delicado" Entreabrieron la grande puerta y luego de otras preguntas, nos mandaron a pasar... Ahora podía ver todo y hacer efectiva la idea que me hube hecho cuando estuve con los ojos vendados...Y me colocaban cada instante entre columnas; Observé con detenimiento a las personas que estaban sentadas de lado a lado del salón, que hoy reconozco como Cámara de Aprendiz. Sus mosaicos blancos y negros, los dos hombres sentados en triangulares escritorios y que eran nada menos que dos de las luces de aquella Logia y al fondo dos hombres más, sentados en el oriente en escritorios triangulares y al Centro el Venerable Maestro...La emoción me embargaba y no cabía en mí de tanta alegría, solo que no podía demostrarla...Todos estaban atentos a lo que acontecía, juré una vez y acepté todo lo que el Venerable me preguntaba, porque sabía que era algo muy especial e importante. En el Ara, volví a jurar cumplir, respetar y estar de acuerdo con la opinión de la mayoría, así no estuviese de acuerdo con la misma; Y guardar los secretos que me serían confiados...

Se vuelve a sentar, suspira y toma nuevo aire, para continuar con su recuento particular, la música es suave y ligera...

En la tercera grada, fui constituido como uno más de la familia, por el Venerable Maestro y los dos vigilantes y después de todo eso, cuando regresé vestido, me colocaron en el Oriente, delante del Secretario de la Logia y frente al orador fiscal. Me hicieron entrega de los metales y la cartera y el dinero y, ¡en ella mi cédula de identidad!, y me sorprendí al ver como archivaban el testamento que escribí, mientras estuve en el llamado cuarto de reflexión y me hicieron entrega de un Mandil y un Collarín, con unos guantes blancos para entregárselos a la mujer que yo más amase... Y me dieron el abrazo fraternal tanto el Venerable, como los dos vigilantes y luego el orador fiscal y el secretario. ¡¡Aprietan fuerte!!

En la tercera grada, fui constituido como uno más de la familia, por el Venerable Maestro y, desde las dos columnas, procedieron con mucha ritualística formalidad a enseñarme una forma de marchar dentro de la logia, unos saludos tanto de manos; como de palabras, de oído a oído, todo en perfecto orden, dos tipos de batería para el primer grado. Todo era nuevo y fascinante para mí, Ya tenía un poco de conocimiento sobre lo que se realizaba en los trabajos logiales... Cuando pensaba, ¿Qué otras cosas podían indicarme? Estaba cansado, pero satisfecho, los nervios ya se me habían calmado y convertido en una preciosa paz interior, que solo me pude explicar mucho tiempo después... Observé y participé, sin aportar nada, como un Q∴H∴ recorría la cámara con un saco en el que se depositan las medallas profanas; como llaman los masones al dinero, para los gastos y la ayuda a los hermanos o sus familiares y a otras instituciones, bajo la practica de la Filantropía, pero aunque me habían entregado mis pertenencias no me las había colocado en los bolsillos, estaban colocadas a un lado de la silla donde estaba sentado y no pude aportar nada, a pesar de habérseme colocado el Mandil y el Collarín y entregado los rituales y las leyes del grado y los guantes femeninos; me dio pena y le respondí al Q∴H∴ que no tenía nada, y él me replicó de una manera muy incrédula...¡¡Nada...!! y pude luego constatar que esa era una forma de mostrarme lo que el dinero representa y sobre todo cuando no lo tenemos, luego de haberme guardado en los bolsillos el dinero, digo, las medallas Profanas... si aporté lo que tenía dispuesto para ello, o por lo menos eso creí, como lo hicieron todos los ahora QQ:.HH:. Así fue que me brindaron una batería de bienvenida, luego mi segundo vigilante, solicitó retribuirla y así realicé mi primera batería como aprendiz masón...

El Orador fiscal leyó una hermosa plancha y bajo las palabras del Venerable Maestro y después de ser constituido como miembro de la orden del Rito Escocés Antiguo y Aceptado y haber vivido tan inolvidables momentos... Sentí un profundo alivio y recibí las felicitaciones de todos los QQ:.HH:. Presentes... ¡Ya era un masón...Que felicidad!

Mientras esto comentaba, se iba colocando muy cerca del público imaginario, pues estaba solo en sus meditaciones y su soliloquio, se sentía embargado de felicidad y se felicitaba por aquel paso que había dado tantos años atrás... (La música un tanto más alta se iba terminando y hubo un pequeño silencio...Luego continuó expresando)

Mi esposa, mis dos hijos y algunos amigos, nos acompañaron en el ágape, en un sitio llamado El Casquillo, El Venerable realizó los brindis de rigor, al igual que los vigilantes y todos brindaron posteriormente, con el vino. El V:.M:. Dio la orden de masticación y, entre charlas, chistes, la comida y el vino, transcurrió aquel inolvidable he irrepetible día... Desde entonces He venido cambiando paulatinamente en todos los aspectos de mi vida...Gracias a la masonería... Amen Así es...

A medida que va diciendo esto tanto la música como el telón se van cerrando. Y las luces se apagan en el escenario (Cinco minutos y todo vuelve a tomar vida...Actor, música y actuación... Aparece con su mandil de aprendiz, pero ahora con la solapa baja, sus guantes y su collarín. Otra música en este acto.

ACTO II
Cámara de Compañero.

La música suena muy agradablemente y se abre el telón, el escenario es casi igual, solo que ahora detrás, en el fondo aparece una escalera y al final de esta una Estrella con una letra "G" Detrás y encima del lugar del Venerable Maestro en el Oriente; en el centro, que permanece tapada con un cortinaje especial para el acto.
Y el personaje aparece con el mismo mandil y collarín.
La mesa ahora es un Ara y no hay sillas...

El Actor está de pie muy pensativo y sorprendiendo a todos...Grita...Llevándose las manos a la cabeza.

---¡¡Ohhh....Gran Arquitecto!! No tengo palabras para agradecerte el que me hayas mostrado este perfeccionador camino... Ahora estoy realmente lanzado hacia El Sapere Audel... (Seré un gran sabio)...Estoy imbuido en una especie de Rectitud Moral, Las máximas ilustradas de Kant, La genialidad de Königsberg, cuando aseguraba que "La Ilustración era la verdadera salida del hombre de su culpable minoría de edad" "Y que esa era la forma de servirse a si mismo de su propio entendimiento sin que otro lo dirigiese" Pues, él también decía que la ignorancia de los pueblos era el mejor caldo de cultivo para ser dirigidos por el Despotismo"...

Todo esto lo dice con elevado énfasis y casi sobreactuando. Y toma una actitud muy concentrada en sus pensamientos...La música es suave... Se coloca rígido y expresa con mucha fuerza....

---"Yo, como compañero, tengo, muchísimas cosas que realizar... Debo ponerle un mundo y el GADU, me dará fuerza y sabiduría para darle un férreo combate a todo lo que se le parezca a la ESCLAVITUD y a las Condenas que encierren perversidad...Contra las Explotaciones... Ayudar a convertir a los ciudadanos en Ilustrados y Virtuosos; para que estén forjados en los valores y la virilidad y puedan romper el yugo que envilece y degrada a los individuos... para que luchen contra las Tiranías, pues con un pueblo instruido, tendremos un pueblo libre y valeroso, capaz de acometer magnificas y venturosas empresas... El ignorante, es incapaz de derechos y materias aprovechables para los déspotas que lo explota a su libre albedrío, además un hombre ignorante es cobarde, y la cobardía engendra criminales y estúpidos fanáticos." Y bien lo dijo Mi Q∴H∴ El Libertador Simón Bolívar..."Un Pueblo Ignorante, es instrumento ciego de su propia destrucción"

Baja la cabeza un poco cansado por el esfuerzo que acaba de realizar, pues alzó la voz y le puso demasiado énfasis a todo lo que expresó, La música suena un poco más alta mientras él comienza a exponer su solitario soliloquio en pocos segundos...

---Se me pone la carne de gallina o mejor dicho, "de gallo", cuando pienso en el día que me fue conferido este extraordinario grado de Compañero.

Me preparé casi como la vez de mi iniciación y llegué súper temprano al Templo, Fui conducido nuevamente al cuarto de reflexión por un Q∴H∴ Experto me practicó otros arreglos, me quitó el saco y lo guindó y entonces "Por lo menos tenía media visión, media canilla desnuda y medio pies descalzo"...O sea medio yo" ¡¡Que irreverente!! Me disculpo a mi mismo, por lo coloquial de mis expresiones, pero es que a veces cuando estoy a solas, me echo chistes malísimos y me hablo así, con abierta confianza!! en verdad, estuve ni descalzo, ni calzado, ni desnudo, ni vestido, desnudo del pecho, brazo y pierna derecha, el pie izquierdo en Chinela, me colocaron una regla de 24 pulgadas apoyada sobre mi hombro izquierdo, con mi Mandil de AP∴. Con la solapa hacia arriba y me fue vendado solo un ojo... Allí me dieron mis consejos y mis recomendaciones... Y como la vez primera me dejaron solo por cierto tiempo... Y luego me fueron a buscar y condujeron a las puertas del templo, chequearon si estábamos decorados, por intermedio del M∴de Cer∴. Practicaron los toques y las preguntas de rigor, para luego entrar a la cámara, y recibir la bienvenida ritualística y las palabras del Venerable Maestro. Encendieron las estrellas y vi. Muchas luces... Me instó a contemplar el Templo en un bellísimo cartel, desde todos los puntos de vista y, así lo hice.

Comenzaron a hacerme una serie de preguntas y, luego, a realizar Cinco viajes... Pensé "Ya me van a sacar la chicha..." Luego que todo pasó, supe que era una alegoría a los viajes hechos por los masones medievales por Europa, para darle perfección a su Arte", contando siempre como dije, con medio sentido de la vista.

Esos viajes aunque alegóricos, me mostraron y me enseñaron: Primero; La importancia de todos los sentidos corporales... En el grandioso adquirir de los conocimientos...Segundo, el interés y la parte estética de los órdenes de la Arquitectura, Tercero, lo necesario de tener conocimientos científicos y técnicos. Cuarto, La útil trascendencia de la filosofía, como una especie de culminación de ellos...Y, Quinto. El verdadero sentido de lo que es el Templo Masónico, como simbolismo Universal...

El Actor se desaparece unos segundos de la escena y aparece portando una silla, la cual coloca frente al imaginario público, toma asiento y continúa su perorata. Con un verbo encendido y emocionado de acuerdo a lo que expresa.

--- ¡Es increíble, nunca pensé que tuviese tanta memoria!...Recuerdo todo muy, pero muy claro; ¡como si lo estuviese viviendo en este instante...!

Llevándose un tanto asombrado, las manos a la cabeza…Continúa

---Aquel PRIMER VIAJE, como simbología de mi primer año de estudios en el marco de mi estado NEOFÍSTICO, en el cual me esmeré en conocer a fondo la calidad de los materiales, pues debía pasar de la Regla a la Escuadra y con ellos debía construir mi propio templo y… El Templo que estaba observando al aumentar las luces, era el moral que yo debía construir en mi mismo. Era para mí, una obra de incalculable valor… Se que le hice unos versos a los cinco sentidos… ¡A ver si lo recuerdo…! ¡Anjá!…

Me han quitado la Regla y entregado Un Mazo y un Cincel…
Con ellos quitaré de mi alma, lo áspero de mi ignorancia
Grabando los principios inmutables… En mi masón ser…
Despertando mi alma en los principios, para en el mundo exterior
Actuar con más prestancia.

Se queda un poco pensativo y continúa…

Asi la VISTA, como generadora de la imaginación
Y el OIDO, En el sentido social de evocación a la excelencia
Y voz de la conciencia…
Y ese gran Tacto, que le otorga al alma el conocer el "yo" y su alteración…
EL GUSTO, Sensible al mundo físico y… A su presencia
En tanto que EL OLFATO, con lo sutil y penetrante, llega hasta el corazón…
Sentimental esencia.

Al terminar los versos de su primer viaje, continúa muy elocuente, la música suave se escucha al fondo y él hace entre otras cosas un gesto de emotividad.

--- ¡Me disculpo a mi mismo, soy un pésimo poeta, pero lo cortés no quita lo valiente y un Masón es del tamaño de las circunstancias!…¡¡Un…Eso me quedó muy bien…!! Ya sabía que debía tratar por todos los medios a mi alcance, de conocerme a mi mismo…Descubrí, que no soy poeta, ya era algo, por lo menos…

 En el SEGUNDO VIAJE. Me despojaron del Mazo y el Cincel y me entregaron Una Regla y un Compás…"Menos pesado, pensé" Con la regla tenía en mis manos nada más y nada menos que lo que era la viva representación de la Justicia, la Equidad y la Rectitud, (Arquitectura) con las que debía relacionarme con los demás...Y con el Compás...La sabiduría y la Prudencia, además de la circunspección.(Lo Espiritual) Así que el Arte se imponía sobre la sociedad, y además los tres Ordenes Arquitectónicos, se relacionaban directamente con las tres partes con las que se componía el hombre, Era el cartel que me tocó leer, el llamado TRIVIUM ¡¡Eso era fantástico, porque sufrían una especie de empatía en el plano moral, por lo ornamental del propio templo, su verdad y su progreso!! La Gramática, La lógica y la Retórica... Las tres dedicadas al cultivo de nuestra lengua, sin dudas un regalo perfecto de Dios, para sus criaturas. La primera, erradica firmemente tanto el vicio del solecismo; como los barbarismos de la lengua, la segunda que ejerce la verdad de la primera, de manera inequívoca y la tercera, que se ocupa netamente de la belleza de la lengua o lenguaje, adornándolo y dándole un sentido acogedor y agradable. Los Old Charges, definen la Lógica: Como el Arte "Que enseña a discernir la verdad de la falsedad". Y he tenido que medir y estudiar las columnas de la "Ciencia y la Virtud" durante ese mi segundo año

Vuelve a quedarse pensativo con el dedo índice derecho colocado sobre la barbilla derecha y la cabeza un tanto ladeada. Y retoma su pensamiento.

 Y pasé por un TERCER VIAJE: Con una Regla y con una Palanca: En su simbología me mostraron que la acción humana, tenía que ser dirigida por la enseñanza de las Artes Liberales... Ya me hablé sobre la gramática, sobre La Lógica y sobre la Retórica. (Como El Trívium) Ahora me hablaré, según mis recuerdos, sobre Aritmética, geometría, Astronomía y Música. (Como El Cuatrivium). Y solo me diré que: La Aritmética, es la ciencia que se ocupa del estudio de las propiedades y poderes de los números; Que La Geometría, es la base sobre la cual se erige la superestructura de la Masonería; que La Astronomía, es la ciencia que nos instruye, sobre la s leyes que gobiernan los cuerpos celestes y la Música, es recomendable para los francmasones puesto que:" La armonía de un sonido melodioso" Eleva la generosidad del alma. Y, lo bueno que aprendí y todos los santos días pongo en practica es: El Compás, en mi vida lo utilizo para arreglar y enfrentar todas las cosas que se me presentan a diario y colocarlo todo en su justo lugar...Y me siento muy seguro cuando se que la regla me auxilia en la rectitud de mis actos, y la palanca me demuestra que las dificultades, se pueden sobre llevar y solucionar...Con la verdad y el amor.

El Actor toma asiento y de la mesa toma un vaso con agua y calma la sed; Hay un silencio donde la música toma un importante papel, y, con mucha calma se dirige a si mismo, con una sonrisa en el rostro por los recuerdos que toman vida en sus soledades... Continúa.

---Que felicidad sentí cuando transité por el Cuarto viaje...Y no fue para menos, pues me topé con los Cinco Órdenes Arquitectónicos, y como en los anteriores viajes, leí en voz alta cada uno de los nombres que en los carteles pude apreciar... Estos los conocí cuando estudiaba bachillerato y ahora los pude refrescar...Desde otros puntos de vista... EL DÓRICO, EL JÓNICO, EL CORINTIO, EL TOSCANO, Y EL COMPUESTO. Ellos son realmente la razón de ser, la base y, representan los orígenes... De nuestra Francmasonería. Y es que nosotros levantamos Templos Inmateriales a la Virtud y el Progreso, igual al Albañil (Masón práctico) construye edificios materiales. Entonces con el orden más antiguo, como lo es el Dórico en su columna está representada la nobleza del hombre y en el Corintio, la belleza de la mujer...Por eso los CCom:.. Debemos tener un tacto exquisito, al elegir los materiales y los adornos para lograr los objetivos propuestos. Por eso en mi Cuarto año de estudios...Mis pasos y mis hacencias han ido acorde con los instrumentos que usamos los compañeros. Tan claro como el agua, en la exactitud de la ciencia.

Camina de un lado a otro como sacando del pensamiento, lo que parecía escapar del mismo...Con las manos atrás del cuerpo, da un suspiro largo y sonoro y prosigue en su soliloquia interpretación.

---Allí estaba, con las manos vacías, pues me despojaron de todos los instrumentos y me dejaron libre aquella escuadra y todo lo que por mis manos había pasado, ya no estaban en ellas...Sentí un grande alivio y pude leer el último cartel, ubicado detrás del tesorero...Eran unos grandes filósofos: Licurgo, Solón, Pitágoras, Sócrates y Platón; "pura batería pesada", pensé y, me colocaron entre columnas, esto ocurrió en cada lectura de los carteles...¡¡Colocadlo entre columnas...!! El Gadu me perdone, pero ya me dolía mí columna...Si...La Vertebral...Entonces recordé que El Primero: Como Legislador, hacedor de la Constitución de su patria Macedonia, Armoniosa y totalmente envuelta en una grande felicidad para sus conciudadanos...Sin dudas fue un filósofo muy ilustrado y reformador de las leyes que encerraron la moral y la política, como un perfecto sistema-. Luego Solón, En Atenas, su pueblo, se reconoció como un filósofo liberador de unas leyes verdaderamente draconianas...Y convertirlas en leyes verdaderamente humanitarias y justas. Pitágoras, Considerado como un hombre casi sobre natural, por la forma de manejar los números y penetrar sus propiedades, en el marco de la simbología que ellos, según su sabiduría, encerraban o poseían, siendo su principal doctrina (Cosmogónica) En la palabra naturaleza (Orden, belleza y armonía), siempre enseñó la pureza de la moral, en el marco de sus máximas y proverbios, que solo sus discípulos podían comprender desde el punto de vista simbológico y esotérico. Sócrates. Su gran obra consintió en excitar al hombre al conocimiento de si mismo y hacer del alma humana el principio y el fin de la filosofía; Sentó la moral y la base del derecho natural, fue un gran maestro de los hombres y un soldado intrépido; como también un magistrado honrado y recto. Fiel cumplidor de los deberes de su vida pública y privada. Y Platón, poseedor del más alto grado de las cualidades brillantes que presiden a las artes de la imaginación, cuya doctrina se afianzó en: (La Metafísica, la moral y la filosofía) Y de allí nace, lo que cada Masón busca; La Verdad.

Fui colocado en frente de una Estrella muy linda llamada flamígera, en cuyo centro aparecía una letra "G" Me enteré de lo que representaba para los masones y, posteriormente me llevaron al ara de juramentos, allí juré guardar silencio sobre todo los visto ,oído y realizado...En fin, Me habían constituido en un flamante Compañero, y hubo ágape y brindis y felicitaciones y...Llegué a mi hogar más muerto que vivo del cansancio y de lo satisfecho que estaba...no cabía en mí de tanta felicidad.

Diciendo estas palabras y bajándose el telón y la música y, luego el receso de cinco minutos para el acto final del monólogo.

ACTO III.
Cámara del Medio.

Cuando se levanta el telón se van encendiendo las luces y se observa una escenografía diferente a la anterior, al fondo de la cámara del medio, aparecen unas colgaduras negras salpicadas de lágrimas blancas, calavera y huesos cruzados y agrupados por tres cinco, siete y nueve luces agrupadas al este al sur y al oeste. Y tres mazos colgados, uno al oriente, otro al este y otro al oeste, representando a las tres grandes luces.
La música muy suave y agradable de nuestra masonería y el actor aparece sorpresivamente y su vestimenta está acorde con el grado, lleva un sombrero negro.

---Hoy, precisamente en este instante, debo recordar aunque me salte algunos pasos, como fui investido del Sublime Grado de Maestro, ahora había logrado tener la palabra y podría no solo opinar sino participar activamente en mi taller...!!

Da la espalda y saca un papel, el mismo que procede a leer.

---¡¡Este es uno de mis más preciados tesoros...Y todas las noches lo leo y lo releo y lo recontraleo, aunque no me pertenece su autoría, se que tiene mucho de mi y eso no tiene precio, además solo el Gadu y yo lo sabemos... Son Algunos pensamientos masónicos!!...

Eleva la vista al cielo y sonríe con cierta satisfacción y picardía...

---"La Francmasonería es una hermosa playa acogedora...Dichosos aquellos que logran alcanzarla"...   "Don Simón Bolívar."

La "Relación Fraternidad" es de gran valor; porque es una amistad desinteresada, a la cual damos y reconocemos la calidad del afecto que se siente con nuestros verdaderos hermanos"...   "Don Pedro Alciro Barboza de la Torre".

"La Francmasonería es una fuerza de la humanidad, puesta al servicio de muchos hermosos y perdurables "Valores" que enaltecen al ser humano y fomentan la amistad desinteresada y las buenas costumbres".   ..."Don Pedro Alciro Barboza de la Torre"

"No es masón el que se inicia, sino el que lo sabe ser, nacemos para hacer el bien, llevamos con nosotros el principio del cual emana la inteligencia. Nuestro deber inexcusable es perfeccionarla en provecho propio y en utilidad de .a la "Familia Universal"...   "Don José Martí".

Al terminar de leer aquellos pensamientos, suspiró con gran sentimiento y se sentó.

---Cuando leo estos pensamientos, me lleno de un enorme orgullo conmigo mismo, por supuesto, y me felicito por ser un gran Masón...
Y me aplaudo y me abrazo y me adormezco sobre la almohada de la grandeza de la masonería...

Estas palabras las acompaña con muchas muecas y desenvolvimiento, casi llega al éxtasis.

---Y solo pienso en el noveno artículo del Poema Regio, donde se dice que "el maestro, debe ser, sabio y hábil y que no debe tomar ninguna obra si no está cierto de terminarla, para beneficio del señor y de su oficio". Y por esa razón, yo, soy un Maestro, y nunca podré olvidar por todo lo que tuve que pasar para lograrlo... Y cada vez que recobramos la palabra perdida, recae en mí, un extraño sentimiento del deber cumplido, pareceré algo cursi, pero así lo siento y eso no se puede ocultar, menos cuando se trabaja con celo, fervor y constancia.

Nuevamente fui conducido al cuarto de reflexión, otra vez los brazos y el pecho al descubierto, descalzo, despojado de armas y metales, con una escuadra en el brazo derecho, con el mandil de Comp: y una cuerda al cuello rodeándome con tres vueltas por la cintura.

Me condujeron a la puerta del templo, tocó y dejaron la puerta entreabierta, por lo que, según recuerdo, oí algunos ruidos de aceros y como extraños suspiros...También escuché como una voz reclamaba que por qué me hacían llegar allí, siendo un sospechoso y que de todas formas me dejarían entrar, para ver si yo era uno de los culpables de no sé qué.

Salió un Experto y me examinó, por todas partes y, luego entró nuevamente, así que me hicieron pasar y fui atrapado por no sé quién, me arropó con un trapo y me caí al piso, al poner cierta resistencia.

Entendí que había habido un crimen y los compañeros éramos los sospechosos de aquello. Fue entonces cuando comenzó el Venerable Maestro a lanzarme una gran cantidad de preguntas... ¿Qué porqué quería ser maestro? ¿Que si era por instruirme? ¿Qué si había trabajado suficiente para merecerlo? ¿Qué tenía que garantizar mi petición, para que no se arrepintiesen al otorgarme tan alta jerarquía?

¡Menos mal que el 1er. Vig:. Metió la mano por mí y dijo que estaba listo para ello! ¡¡Ufff!! Que susto pase. Y fui examinado por el 2do:.Vig:. Y por el 1er. Vig:. Y dijeron que estaba justo y perfecto...

De modo, que fui conducido al Ara y allí presté un gran juramento, ratificando los anteriores. El V:.M:. Me recordó sobre las penas a los perjuros y me instó a realizar los viajes en busca de la palabra sagrada, eran nueve viajes, pero se redujeron a tres...

El 2do. Vig:. Me amenazó de muerte con una escuadra para que le dijese la palabra sagrada y me golpeo en el cuello con ella, yo no se la dije pues no la sabía, luego el 1er. Vig:. También me la pidió y me golpeo con una gran regla en el hombro izquierdo

Y luego, me llevan hasta el V:.M:. En el Oriente y al pie de un féretro, también me la pide en tres oportunidades, me tomó de sorpresa por los cabellos y me volvió a preguntar, y como le dije no saberla, me dio un golpe con un mazo en la cabeza, y me agarran entre dos QQ:.HH:. Y me metieron en un féretro, allí me colocaron la cabeza sobre un cráneo, con la pierna izquierda extendida y la derecha doblada en escuadra, el brazo izquierdo al lado del cuerpo y el derecho sobre el pecho al orden de Compañero, me pusieron el mandil en la mano derecha, me cubrieron con un paño negro y encima me colocaron unas ramas de acacia. Yo oía como decían tantas cosas y, reconozco que estaba algo asustado y más cuando dieron ordenes de que nueve maestros buscasen por todas partes a ver si conseguían el cadáver del que mataron; yo pensé "Ahora sí es verdad que la puse y metido aquí sin poder hacer nada" Y oí que ninguno había encontrado nada, y entonces pensé "Me salvé" ¡gracias a Dios!

De modo que no les quedó más remedio que quitarme lo que me habían colocado encima y se llevaron un susto, pero no tanto como yo, cuando gritaron todos a la vez ¡¡Oh Señor Dios mío!! Uno trató de levantarme por el dedo índice y el otro por el pulgar y gritaron ¡Las carnes se desprenden de los huesos..! Y no me sacaron, pero por algo era el V:.M:. Él me tomó de la muñeca y ayudado por otros dos MM:. Me levantaron y me dio la tan buscada palabra Sagrada de Maestro... Y me colocaron otra vez en Occidente entre columnas...

Mientras estuve entre columnas y escuchaba al V:.M:. Pude entender de qué se trataba todo aquello y me sentí regocijado, por no haberlo sabido con anterioridad..¡¡Que experiencia tan enorme...!!

Al finalizar sus palabras y oraciones, me condujeron a la Séptima grada y me constituyeron, allí me hizo algunas preguntas a las que respondí positivamente...Realizó el ritual y ahora ya yo me había convertido en un verdadero Maestro Masón del R:. E:.A:. y A;. Al final del increíble acto ritualistico, me enseñaron los SS:.PP:. Y TT:. Las PP:. De pase y la S:. Al igual que la marcha y las Baterías del grado conjuntamente con la Edad.
¡Siento un temblor en todo el cuerpo, espero que no sea i la Gripe y mucho menos ese terrible virus, de modo que en esta mi soledad y mis recuerdos...Me tendré que preparar un guarapito de jengibre con limón y

a dormir...Como un Lirón...¡¡Hasta mañana querido yo!! Y buenas noches G∴A∴D∴U∴..

...Se van apagando las luces, subiendo el telón y la música se oye con un tono menos alto, mientras la gente se va retirando después de aplaudir por largo rato y salir el actor en dos o tres oportunidades al proscenio.

Fin de la obra

¿Presente y Futuro de la Masonería En Venezuela y el Mundo?

Para entender muy bien y estar muy claros con lo que representa el presente   para la Masonería, en el mundo y especialmente en nuestro país...Debemos conocer un poco de nuestra historia, bien como masones, bien como sociedad de QQ∴HH∴ o bien como personas enmarcadas en ciertos denominados misterios o secretos; y para hacerlo se tiene que estar muy cerca de ella o por lo menos haberlo estado o simplemente ... Leer al respecto.

Pues bien; una vez estando en alguna de estas posiciones, entonces po-demos sacar cuentas de lo que ocurrió en el pasado lejano, con todos sus bemoles y de cómo hemos tenido que superar muchísimas barreras, para llegar a esto que conocemos; como nuestro presente: El presente que aunque no ha sido color de rosas, tampoco podemos decir que estamos en algún tipo de precarias circunstancias, puesto que muchas de nuestras logias están trabajando de una forma u otra, valiéndonos de los medios modernos que existen para lograr el encuentro , aunque sea a través de ellos, logrando así, mantener ese contacto tan necesario y tan particular que hemos mantenido por siglos y que cada vez , los que hemos tenido la suerte de pertenecer a esta maravillosa sociedad de hombres que por siempre hemos estado empeñados en hacer que muchos hermanos de la tierra, se conviertan en mejores hombres para con todos en general: Siempre comenzando por la familia, luego sus trabajos logiales y de allí todo lo que reviste realmente importancia para los seres humanos que desean ser cada vez mejores y más consecuentes con sus deberes y derechos, empeñados en marchar de primeros a la hora de hacerlos efectivos, ante El Gadu y nuestros propios ciudadanos del mundo.

Entendemos perfectamente que la pandemia ha sido extraordinariamente negativa, para todos los venezolanos; como lo ha sido para el mundo entero; sin embargo hemos mantenido, calma, serenidad y mucha tolerancia a la hora de enfrentar tan terrible enfermedad; pero nosotros sabemos que eso deberá pasar más temprano que tarde y todo deberá volver a la normalidad.

Ahora bien, hemos tenido ciertos casos que no se pueden ocultar, y menos tapar con un dedo, casos en los cuales han estado involucrados y aún anda uno que otro por ahí, realizando cosas que son totalmente contrarias a los que está escrito en nuestros reglamentos, rituales y constitución Masónica; pero eso no significa en modo alguno que los masones estemos involucrándonos en cosas fuera del contexto de la Ley, de ninguna manera, como podrán observar se puede demostrar que las personas que ejecutan cuestiones peleadas con la moral, la ética y las buenas costumbres y que además irrespetan los signos patrios de donde viven, son apenas aprendices, recién iniciados, que ni tan siquiera han logrado reconocer nuestros símbolos primarios y nuestros rituales alegóricos a las buenas costumbres y al debido respeto hacia los demás. No es que seamos unos santurrones, ni mucho menos, pero mantenemos nuestras reglas con mucha ejemplarizante claridad y nos basamos en la igualdad, en la fraternidad y el respeto a la vida y al buen comportamiento.

No estoy acusando, ni mal poniendo a ninguno, pues cada quien es dueño de lo que hace, dice o ejecuta; y no se pueden culpar a los demás por lo que hacen otros, fuera del contexto de la razón, la lógica y la solidaridad, para con sus hermanos de sociedad.

Entonces para retomar el tema sobre las preguntas realizadas...Puedo asegurar que el futuro de la Masonería, está marcado desde hace mucho tiempo y este no es otro que el convertimiento de muchos hombres en mejores hombres, y la colaboración que nos es permitida por las leyes y sus legisladores, para que el país marche; como debe ser...Hacia un futuro prominentemente envuelto en progreso, paz y felicidad del pueblo en general....

Se sabe que hubo una hermosa ALFA que parió la Antigüedad y llevó como nombre ""El Alfa de la Masonería""; pero jamás se ha sabido, ni se podrá saber; que pueda existir "Un OMEGA, de la Masonería", para ello trabajamos en aras de ese Futuro bienhechor de grandes hombres, para el sustento maravilloso de la Tierra que todos deseamos...Así será amén.
r.r.a:.
>>Una Muestra de Nuestra Grandeza y Nuestra Real Existencia en Venezuela<<

MASONERIA

  Venezolanos, siempre apegados a nuestra inconmensurable historiografía Masónica, donde los grandes héroes que lucharon para darnos una Patria Buena, justa,sólida y dueña de su destino, permanecen en nuestros recuerdos y nuestros corazones.

A ellos perteneció un gran lugar en esta; pero para lograrlo se entregaron en cuerpo, alma vida conrazón y conciencia. Y aunque lo disfrutaron muy poco, se sintieron conformes y satisfechos de lo que pudieron hacer, dejandonos a sus hijos, la responsabilidad de consolidarnos, bajo la bandera y el escudo de nuestra libertad.

  Y precisamente uno de nuestros principales ideales y más que eso firme propósito se circunscribe en el hecho de continuar aportando desde nuestras trincheras de lucha ejemplarizantes, convirtiendo a hombres cada vez más justos y defensores de nuestra tierra, nuestros valores , nuestra ética ,nuestra moral y nuestrs Conciencias de hombres y mujeres libres y dueños de esa libertad.

  Claro que no fue, es ni será completa; hasta que logremos la verdadera integración en los ideales enseñados por ellos y que debemos más temprano que tarde, ubicarnos en ese concepto amplio y necesario; para que terminen de descansar en paz esos grandes hombres y mujeeres asedores de Patria...viva la Masonería y Hurra a todos o los Massones de la Tierra. Así sea ...Amén

Raúl Rico Arvelo